Az Emberiség Szövetségesei

◆

ELSŐ KÖNYV

Az Emberiség Szövetségesei

◆

ELSŐ KÖNYV

◆

EGY SÜRGŐS ÜZENET

A Földönkívüliek Jelenlétéről

A Világban Ma

Marshall Vian Summers

AZ EMBERISÉG SZÖVETSÉGESEI ELSŐ KÖNYV: Egy Sürgős Üzenet A Földönkívüliek Jelenlétéről A Világban Ma

Szerkesztette: Darlene Mitchell

Könyvtervezés: Argent Associates, Boulder, CO

Borítótervezés: Reed Novar Summers
  "Számomra a borító minket képvisel a Földön a fekete gömbbel, ami az alien jelenlétet szimbolizálja a világban ma és a mögötte lévő fény felfedi ezt a láthatatlan jelenlétet számunkra, amit mi egyébként nem lennénk képesek látni. A Földet megvilágító csillag az Emberiség Szövetségeseit képviseli, egy új üzenetet és egy új perspektívát adva számunkra a Föld kapcsolatáról a Nagyobb Közösséggel."

ISBN: 978-1-884238-45-1 *AZ EMBERISÉG SZÖVETSÉGESEI ELSŐ KÖNYV: Egy Sürgős Üzenet A Földönkívüliek Jelenlétéről A Világban Ma*
NKL POD Version 4.55

Library of Congress Control Number: 2001 130786

Ez a második kiadása: Az Emberiség Szövetségesei ELSŐ KÖNYV.

A Cím eredetileg angol nyelven.

PUBLISHER'S CATALOGING-IN-PUBLICATION

Summers, Marshall.
    The allies of humanity book one: an urgent message about the extraterrestrial presence in the world today / M.V. Summers
    p. cm.
    978-1-884238-45-1 (English print)   001.942
    978-1-942293-85-9 (Hungarian print)
    978-1-884238-46-8 (English ebook)
    978-1-965580-60-8 (Hungarian ebook)
                    QB101-700606

A nagy szabadság mozgalmaknak szentelve

A világunk történelmében —

Mind ismert és ismeretlen.

TARTALOM

A négy alapvető kérdés

a földönkívüliek jelenlétéről a világban ma:

Mi történik?

Miért történik?

Mit jelent ez?

Hogyan tudunk felkészülni?

Elég ritka egy olyan könyvet találni, amely megváltoztatja valakinek az életét, de még ennél is rendkívülibb egy olyan munkával találkozni, aminek meg van a lehetősége, hogy befolyással legyen az emberi történelemre.

Közel 40 évvel ezelőtt, még mielőtt bármilyen környezetvédelmi mozgalom létrejött volna, egy bátor nő írt egy rendkívül provokatív és ellentmondásos könyvet, amely megváltoztatta a történelem menetét. Rachel Carlson Silent Spring(Néma Tavasz) című műve világszerte felhívta a figyelmet a környezetszennyezés veszélyeire és egy aktivista reakciót lobbantott be, mely napjainkig is tart. Az elsők között volt, aki nyilvánosan is kijelentette, hogy a növényvédő szerek és vegyi mérgek fenyegető hatással vannak minden életformára és ezért Carson-t először nevetségesnek tartották és megrágalmazták, még sokan a saját rangsorában is, de végül a 20. század egyik legfontosabb hangjaként tartották. A Néma Tavaszt még mindig széles körben a környezetvédelem sarokkövének tekintik.

Napjainkban, amikor a közöttünk folyamatosan zajló földönkívüli portyázásokról még nincs a nyilvánosság előtt elterjedt köztudás, egy hasonlóan bátor ember – egy korábban elrejtett spirituális tanító – előlép egy rendkívüli és nyugtalanító, a planetáris szféránkon túlról érkező közlemény tényállásával. Az Emberiség Szövetségeseivel, Marshall Vian Summers korunk első spirituális vezetője, aki egyértelműen kijelenti, hogy a földönkívüli „látogatóink" hivatlan jelenléte és titkos tevékenységei komoly veszélyt jelent az emberi szabadságra nézve.

Míg a kezdetekben, úgy mint Carson, Summers is biztosan találkozni fog gúnnyal és becsmérléssel, de lehet, hogy végül a világ egyik legfontosabb hangjaként lesz elismerve a földönkívüli intelligencia, az emberi spiritualitás és a tudatosság evolúciója terén. Hasonlóképpen, Az Emberiség Szövetségesei kulcsfontosságúnak bizonyulhat a fajunk jövőjének biztosításában – nem csak ráébresztve bennünket a csendes alien invázió mélyreható kihívásaira, de ugyancsak beindítva egy példátlan ellenállási mozgalmat és felhatalmazást.

Bár e kirobbanóan vitatott anyag származási körülményei egyesek számára problématikusak lehetnek, az általa képviselt perspektíva és a közvetített sürgős üzenete mélységes megfontolást és határozott választ követel. Itt túlságosan is hihetően szembesülünk azzal az állítással, hogy az UFO-k és más ehhez kapcsolódó jelenségek növekvő megjelenése nem kevesebb, mint a földönkívüli erők finom és mindeddig ellenkezés nélküli beavatkozásának a tünete, akik a Föld erőforrásait teljes egészében saját hasznukra kívánják kiaknázni.

Hogyan reagáljunk megfelelően egy ilyen zavaró és felháborító állításra? Figyelmen kívül hagyjuk vagy egyből elutasítjuk, ahogy Carson sok ellenzője tette? Vagy vizsgáljuk meg és megkíséreljük megérteni, hogy pontosan mi is van itt felajánlva?

Ha úgy döntünk, hogy megvizsgáljuk és értelmezzük, a következőket fogjuk találni: Az alapos áttekintése az elmúlt évtizedekben világszerte végzett kutatásoknak az UFO-tevékenységbe és más nyilvánvaló földönkívüli jelenségbe (pl. alien elrablás és implantátumok, állatok megcsonkítása és sőt a pszichológiai „birtoklás" is) bőséges bizonyítékot szolgáltat a Szövetségesek perspektívájára; valójában a Szövetségesek diskurzusaiban található információk lenyűgözően tisztázzák azokat a kérdéseket, amelyek évek óta zavarba ejtik a kutatókat és sok titokzatos, de tartós bizonyítékot adnak.

Miután ezeket a kérdéseket megvizsgáltuk és megbizonyosodtunk arról, hogy a Szövetségesek üzenete nem csak valószínű, de meggyőző is, azután mi következik? Mindezek a szempontok ahhoz az elkerühetetlen következtetéshez vezetnek, hogy a napjainkban lévő helyzet mély párhuzamban áll a 15. században történt európai „civilizáció" amerikai kontinensre való behatolásával, amikor a bennszülött népek képtelenek voltak felfogni és megfelelően választ adni a partjaikat látogató erők összetettségére és veszélyére. A „látogatók" Isten nevében jöttek, lenyűgöző technológiát bemutatva és azt állítva, hogy egy sokkal fejlettebb és civilizáltabb életformát ajánlanak. (Fontos megjegyezni, hogy az európai hódítok nem „megtestesült gonoszok" voltak, hanem csupán az alkalom kihasználói, így egy nem szándékos pusztítást hagyva maguk után örökségül.)

Itt van a lényeg: Az alapvető szabadságjogok radikális és széleskörű megsértése, amelyet az amerikai őslakosok ezt követően megtapasztaltak – beleértve a népességük gyors megtizedelését – nem csak nagyszabású emberi tragédia, hanem egyben hatalmas tárgyi tanulság is jelenlegi helyzetünk számára. Ezúttal mindannyian ennek az egyetlen világnak az őslakosai vagyunk és ha nem tudunk közösen kreatívabb és egységesebb választ adni, hasonló sorsra juthatunk. Az Emberiség Szövetségesei pontosan ezt a felismerést váltják ki.

De mégis ez a könyv életeket változtathat, mert aktiválja azt a mélyebb belső elhívást, amely emlékeztet minket az életben létünk céljára az emberi történelem ezen pillanataiban és nem kevesebbel, mint a sorsfeladatunkkal állít szembe. Itt mi a legkényelmetlenebb felismeréssel vagyunk szembeállítva: Meglehet, hogy az emberiség jövője azon múlik, hogy miként reagálunk erre az üzenetre.

Míg Az Emberiség Szövetségesei mélységesen óvatosak, nincs benne félelem vagy végzetes lehangoltságra való felbujtás. Ehelyett az üzenet renkívüli reményt nyújt a mostani legveszélyesebb és legnehezebb helyzetben. A nyilvánvaló szándék az emberi szabadság megőrzése és felhatalmazása, valamint az alien beavatkozásra adott személyes és kollektív válasz katalizálása.

Helyénvaló, hogy Rachel Carson egyszer maga is prófétai úton azonosította azt a problémát, amely gátolja, hogy reagáljunk erre a jelenlegi válságra: „Még mindig nem váltunk elég éretté", mondta, „hogy úgy tekintsünk magunkra, mint e terjedelmes és elképesztő világegyetemnek csak egy rendkívül parányi része." Nyilvánvaló, hogy már régóta szükségünk van egy önmagunkról alkotott új felfogásra, a kozmoszban elfoglalt helyünkről, és a Nagyobb Közösségben lévő életről (a terjedelmesebb fizikai és spirituális világegyetem, amelybe most beleolvadunk). Az Emberiség Szövetségesei szerencsére átjáróként szolgálnak a spirituális tanítások és gyakorlatok meglepően jelentős gyűjteményéhez, amely azt ígéri, hogy a szükséges faji érettséget olyan perspektívával ruházza fel, amely sem nem földhöz kötött, sem nem antropocentrikus, hanem régebbi, mélyebb és egyetemesebb hagyományokban gyökerezik.

Végső soron Az Emberiség Szövetségesei próbára teszik szinte valamennyi alapvető valóságfogalmunkat, egyidejüleg megadva számunkra a legnagyobb lehetőséget a fejlődésre és a legnagyobb kihívást a túlélésre. Míg a jelenlegi válság a faji önrendelkezésünket fenyegeti, egyben egy nagyon szükséges alapot is adhat az emberi faj egységének megteremtéséhez – e nagyobb összefüggés nélkül ez szinte lehetetlen lenne. Az Emberiség Szövetségesei által kínált perspektívával és a Summers által képviselt terjedelmes tanításokkal, megadatott nekünk mind a szükségszerűség és mind az inspiráció, hogy egy mélyebb megértésben csatlakozzunk, hogy az emberiség további fejlődését szolgáljuk.

◆

A Time Magazine a 20. század 100 legbefolyásosabb hangjáról szóló áttekintésében Peter Matthiessen ezt írta Rachel Carsonról: „Mielőtt létezett egy környezetvédelmi mozgalom, volt egy bátor nő és az ő nagyon bátor könyve." Néhány év múlva hasonlóképpen elmondhatjuk Marshall Vian Summersről: Mielőtt létezett egy emberi szabadságmozgalom, hogy ellenálljon a földönkívüli Beavatkozásnak, volt egy bátor ember, és az ő nagyon bátor üzenete, Az Emberiség Szövetségesei. Ez alkalommal a válaszunk legyen gyorsabb, határozottabb és egységesebb.

— MICHAEL BROWNLEE
Újságíró

MEGJEGYZÉS AZ OLVASÓKNAK

Az Emberiség Szövetségesei azért kerül bemutatásra, hogy felkészítse az embereket egy teljesen új valóságra, amely nagyrészben el van rejtve és nem ismert ma a világban. Egy új megvilágítást ad, amely felhatalmazza az embereket, hogy szembe nézzenek a legnagyobb kihívással és lehetőséggel, amellyel mi, mint egy faj valaha is találkoztunk. A Szövetségesek Jelentése számos kritikus, ha nem aggasztó kijelentést tartalmaz az egyre növekvő földönkívüli beavatkozásról és az emberi fajba való szerves beilleszkedésükről, valamint a földönkívüliek tevékenységéről és a rejtett terveikről. A Szövetségesek Jelentésének nem az a célja, hogy a világunkban lévő földönkívüli valóságról kézzelfogható bizonyítékkal szolgáljon, amelyek ebben a témában már más kitűnő könyvekben és tudományos folyóiratokban jól dokumentáltak. A Szövetségesek Jelentésének az a célja, hogy tisztázza ezt a drámai és messzemenő következményekkel járó jelenséget, hogy az ezzel kapcsolatos emberi hajlamokat és feltételezéseket megkérdőjelezze és figyelmeztesse az emberi családot a nagy küszöbre, ami most előttünk áll. A Jelentések bepillantást nyújtanak a Világegyetemben lévő intelligens élet valóságába és hogy valójában ez a Kapcsolat mit fog jelenteni. Amit az Emberiség Szövetségesei felfednek, sok olvasó számára teljesen új lesz. Mások számára ez megerősíti azokat a dolgokat, amelyeket régóta éreznek és tudtak.

Bár ez a könyv egy sürgős üzenetet ad, egyúttal egy magasabb tudatosság felé mozdít, amit „Tudásnak" neveznek, amely magába foglalja az emberek közötti és más fajok közötti nagyobb telepatikus képességet. Ennek a fényében, a Szövetségesek Jelentése a szerzőnek egy soknemzetiségű, földönkívüli csoport által volt továbbítva, akik magukra úgy utalnak, mint az „Emberiség Szövetségesei". Magukat más világokból származó fizikai lényeknek írják le, akik a naprenszerünkben, a Föld közelében gyűltek össze azzal a céllal, hogy megfigyeljék azoknak az alien fajoknak a kommunikációját és tevékenységét, akik itt a világunkban az emberi ügyekbe beavatkoznak. Kihangsúlyozzák, hogy ők maguk fizikailag nincsenek jelen a világunkban és nem technológiával és beavatkozással, hanem szükséges bölcsességgel látnak el.

A Szövetségesek Jelentése egy éven keresztül lett a szerzőnek átadva. Egy olyan összetett témába nyújtanak perspektívát és belelátást, amely a több évtizeden keresztül tornyosuló bizonyítékok ellenére, továbbra is zavarba ejti a kutatókat. Ennek a perspektívának a megközelítése azonban nem romantikus, spekulatív vagy idealista. Éppen ellenkezőleg, nyersen gyakorlatias és megalkuvást nem ismerő, addig a pontig, hogy még a témában jól járatos olvasó számára is nagy kihívást jelenthet.

Ahhoz, hogy fogadjuk azt, amit ez a könyv kínál, fel kell függeszteni legalább egy pillanatra, a földönkívüli Kapcsolattal és még a Jelentések átvételével kapcsolatban is a lehetséges hiedelmek, feltételezések és kérdések sokaságát. Ennek a könyvnek a tartalma olyan, mint egy világon túlról küldött palackba zárt üzenet. Eképpen, nem a palackkal kellene annyit törődni, hanem magával az üzenettel.

Ahhoz, hogy igazán megértsük ezt a kihívásokkal teli üzenetet, szembe kell néznünk és megkérdőjeleznünk a Kapcsolat lehetőségével és valóságával kapcsolatos uralkodó feltételezéseket és tendenciákat. Ezek közé tartozik:

– tagadás,

– reménykedő elvárások,

– a bizonyítékok félreértelmezése meggyőződésünk megerősítése érdekében,

– megváltást akarni és várni a „látogatóktól",

– azt hinni, hogy a földönkívüli technológia meg fog minket menteni,

– reménytelenség és alárendeltség érzése azzal szemben, amit mi felsőbbrendű erőnek feltételezünk,

– a kormánytól nyilvánosságra hozatalt követelni, de a földönkívüliektől nyilvánosságra hozatalt nem,

– emberi vezetők és intézmények elítélése, mialatt megkérdőjelezés nélkül fenntartjuk a „látogatók" elfogadását,

– feltételezni, hogy azért mert nem támadtak meg vagy nem rohantak le minket, akkor biztos a mi érdekeinkért vannak itt,

– feltételezni, hogy a fejlett technológia egyenlő a fejlett spiritualitással és etikával,

– azt hinni, hogy ez a jelenség egy rejtély, amikor valójában ez egy felfogható esemény,

– azt hinni, hogy a földönkívüliek valamilyen módon jogosultak az emberiségre és erre a bolygóra,

– és abban hinni, hogy az emberiség javíthatatlan és egyedül nem tud boldogulni.

A Szövetségesek Jelentése ezeket a feltételezéseket és tendenciákat próbára teszi, és elosztlatja a jelenleg meglévő számos elképzeléseinket arról, hogy kik látogatnak minket és miért vannak itt.

Az Emberiség Szövetségeseinek Jelentése egy nagyobb perspektívát és mélyebb megértést ad a sorsunkról a világegyetem intelligens életének szélesebb körű panorámáján belül. Ennek elérése érdekében a Szövetségesek nem az analitikus elménkhez szólnak, hanem a Tudáshoz, a lényünk legmélyebb részéhez, ahol az igazság, bármennyire homályos is, közvetlenül felismerhető és megtapasztalható.

Az Emberiség Szövetségeseinek Első Könyve számos olyan kérdést fog felvetni, amely további kutatást és elmélkedést fog igényelni. Nem arra összpontosít, hogy nevek, dátumok és helyek megadásával szolgáljon, hanem arra, hogy a világban lévő földönkívüli jelenlétről és a világegyetemben lévő életbe kellő betekintést nyújtson, amelyről nekünk emberi lényeknek máskülönben nem lenne tudomásunk. Mialatt még mindig elszigeteltségben élünk a világunk felszínén, még nem láthatjuk és nem tudhatjuk azt, hogy a határainkon túl lévő intelligens életet illetően mi is történik. Ehhez segítségre van szükségünk, egy nagyon különleges fajta segítségre. Lehet, hogy először ezt a fajta segítséget még nem ismerjük fel vagy nem fogadjuk el. De ez mégis itt van.

A Szövetségesek kifejezett célja az, hogy figyelmeztessenek bennünket az intelligens élet Nagyobb Közösségébe való belépés veszélyeire és segítsenek sikeresen átlépni ezt a nagy küszöböt oly módon, hogy az emberi szabadság, önrendelkezés és önállóság megőrizhető legyen. A Szövetségesek azért vannak itt, hogy tanácsolt adjanak nekünk, hogy az emberiségnek létre kell hoznia a saját „Kapcssolatfelvételi Szabályait", ezen példátlan idők alatt. A Szövetségesek szerint, ha bölcsek vagyunk, felkészültek és egyesültek, akkor mint egy érett és szabad fajként leszünk képesek elfoglalni a Nagyobb Közösségben a nekünk szánt helyünket.

◆

Az alatt az idő alatt, miközben e jelentések sorozata megtörtént, a Szövetségesek bizonyos kulcsfontosságú gondolatokat megismételtek, amelyeket létfontosságúnak éreztek a megértéshez. Ezeket az ismétléseket megtartottuk a könyvben, hogy megőrizzük kommunikációjuk szándékát és sértetlenségét. A Szövetségesek üzenetének sürgető jellege és a világban lévő erők miatt, melyek elleneznék ezt az üzenetet, ezeknek az ismétléseknek meg van a bölcsességük és a szükségük.

Az Emberiség Szövetségesei Első Könyv 2001-es megjelenését követően a Szövetségesek egy második Jelentést is adtak, hogy kiegészítsék létfontosságú üzenetüket az emberiségnek Az Emberiség Szövetségesei Második Könyve, amely 2005-ben lett kiadva, megdöbbentő új információval szolgál a mi helybéli világegyetemünkben lévő fajok közötti kölcsönhatásokról és azoknak a fajoknak a természetéről, céljáról és a legtitkosabb tevékenységeiről, akik az emberi ügyekbe beavatkoznak. Köszönet azoknak az olvasóknak, akik érezték a Szövetségesek üzenetének sürgősségét és a Jelentéseket más nyelvekre is lefordították, ezáltal a Beavatkozások valóságát illetően létezik egy világszerte táguló tudatosság.

Mi, a New Knowledge Library-nél, úgy véljük, hogy ez a két Jelentés tartalmazza talán az egyik legfontosabb üzenetet, ami ma a világban közölve lett. Az Emberiség Szövetségesei nem csak egy újabb könyv, amely az UFO/földönkívüli jelenségről elmélkedik. Ez egy valódi transzformációs üzenet, amely közvetlenül az alien Beavatkozás mögöttes céljára irányul annak érdekében, hogy megemelje a tudatossági szintet, amelyre szükségünk lesz, hogy szembenézzünk az előttünk álló kihívásokkal és lehetőségekkel.

— NEW KNOWLEDGE LIBRARY

KIK AZ EMBERISÉG SZÖVETSÉGESEI?

A Szövetségesek az emberiséget szolgálják, mert a Tudás visszaszerzését és kifejezését szolgálják mindenhol a Nagyobb Közösségben. Sok világban a bölcseket képviselik, akik egy nagyobb célt támogatnak az életben. Együtt nagyobb Tudásban és Bölcsességben osztoznak, amely a tér hatalmas távolságaiban átvihető a faj, a kultúra, a temperamentum és a környezet minden határán. Bölcsességük átható. A képességeik nagyszerűek. Jelenlétük rejtett. Felismernek benneteket, mert felismerik, hogy egy feltörekvő faj vagytok, akik egy nagyon nehéz és versenyképes környezetbe léptek be a Nagyobb Közösségben.

◆

A NAGYOBB KÖZÖSSÉGI SPIRITUALITÁS
15. Fejezet: Ki Szolgálja az Emberiséget?

... Több mint húsz évvel ezelőtt, számos különböző világból származó egyének csoportja gyűlt össze a naprendszerünknek egy diszkrét helyén, a Föld közelében, abból a célból, hogy megfigyeljék a világunkban előforduló alien látogatásokat. Az ő rejtett megfigyelési pontjukból, képesek voltak meghatározni a világunkba látogatók kilétét, a szervezetüket és szándékaikat, valamint figyelemmel kísérni a látogatók tevékenységeit.

Ez a megfigyelő csoport magukat „ Az Emberiség Szövetségeseinek" hívja.

Ez az ő jelentésük.

A szövetségesek
tájékoztatói

♦

A Földönkívüliek Jelenléte Ma a Világban

N agy megtiszteltetés számunkra, hogy bemutathatjuk ezt az információt mindazoknak, akiknek szerencséjük van hallani ezt az üzenetet. Mi az Emberiség Szövetségesei vagyunk. Ezt a közvetítést a Láthatatlanok teszik lehetővé, a spirituális tanácsadók, akik átlátják az intelligens élet fejlődését mind a világotokon belül és mindenütt a világok Nagyobb Közösségében is.

Nem mechanikus eszközön keresztül kommunikálunk, hanem spirituális csatornán keresztül, ami szabad a bezavarásoktól. Bár a fizikai világban élünk, akárcsak te, nekünk megadatott a kiváltság, hogy ilyen módon kommunikáljunk, hogy eljuttassuk a szükséges információkat, amelyeket meg kell osztanunk veled.

Egy kis csoportot képviselünk, akik megfigyelik a világod eseményeit. A Nagyobb Közösségből érkeztünk. Nem avatkozunk bele az emberi ügyekbe. Nincsenek itt megalapozott létesítményeink. Azzal a konkrét küldetéssel lettünk ideküldve – hogy szemtanúi legyünk a világotokban zajló eseményeknek és adva a lehetőséget, közöljük veled, amit látunk és amit tudunk. Mivel te, a világod felszínén élsz, nem láthatod a körülötted zajló ügyeket. Nem láthatod tisztán azt a látogatást sem, ami jelenleg a világodban történik, vagy azt, hogy ez mit jelent a jövődre nézve.

Mi erről szeretnénk tanúbizonyságot tenni. Ezt a Láthatatlan Erők kérésére tesszük, mert erre a célra lettünk ideküldve. Az információ, amit átadni készülünk lehet, hogy nagyon kihívó és egyben megdöbbentőnek is tűnhet. Talán sok embert váratlanul fog érinteni ez az üzenet, akik hallani fogják. Megértjük ezt a nehézséget, mert nekünk is szembe kellett nézni ezzel a saját kultúránkon belül.

Ahogy hallod az információt először talán nehéz lesz elfogadni, de ez létfontosságú mindazok számára, akik szeretnének hozzájárulni a világhoz.

Sok éve figyeljük a világotokban zajló ügyeket. Mi nem keressük a kapcsolatot az emberiséggel. Mi nem diplomáciai küldetésen vagyunk itt. A Láthatatlanok küldtek bennünket, hogy a világotok közelében éljünk, hogy megfigyeljük az itt zajló eseményeket, amit majd most körülírunk.

A nevünk nem fontos. Semmit nem jelentene számotokra. És a saját biztonságunk érdekében nem adjuk ki, mert rejtve kell maradnunk, hogy szolgálhassunk.

Elsősorban fontos, hogy az emberek mindenhol megértsék, hogy az emberiség az intelligens élet Nagyobb Közösségébe emelkedik. A világotok több alien faj által és jó néhány különöző fajokból álló szervezetek által is „látogatott". Ez már egy jó ideje aktívan folyik. Az emberi történelem során már történtek látogatások, de még soha nem ilyen mértékben. A nukleáris fegyverek megjelenése és a természetes világotok elpusztítása ezeket az erőket a partjaitokhoz hozta.

Mint tudjuk, a világban sok ember kezdi felismerni, hogy ez történik. És azt is megértjük, hogy ennek a látogatásnak számos értelmezése létezik – mit jelenthet és mit tud felajánlani. És nagyon sok ember, aki tudatában van ennek, nagyon reménykedő és hatalmas haszonra számít az emberiség számára. Megértjük. Ez természetes, hogy erre számítotok. Természetes a reménykedés.

Jelenleg a világodban a látogatások annyira kiterjeszkedtek, hogy az emberek a világ minden részén tanúsítják és tapasztalják ennek a közvetlen hatásait. Ami a Nagyobb Közösségből idehozta ezeket a „látogatókat", ezeket a különböző szervezettségű lényeket, az nem az emberiség előrejutásának támogatása vagy az emberiség spirituális tanítása. Ami ilyen számban és ilyen intenzítással a partjaidhoz hozta ezeket az erőket, azok a világod erőforrásai.

Megértjük, hogy nehéz lehet ezt elfogadni először, mert még nem tudod értékelni, hogy milyen szép a világod, hogy mivel is rendelkezik és milyen ritka gyöngyszemnek számít a Nagyobb Közösség meddő, kopár világában és az üres űrben. Az olyan világok, mint a tiéd valóban nagyon ritkák. A legtöbb népes rész a Nagyobb Közösségben már gyarmatosítva van és ezt technológia tette lehetővé. De az olyan világok mint a tiéd, ahol az élet természetesen fejlődött a technológia segítsége nélkül, sokkal ritkább mint azt gondolnád. Persze mások ezt nagyon is észreveszik és a világod biológiai erőforrásai, különböző fajok által, már évezredek óta használva vannak. Mások ezt itt egyfajta éléskamránnak tekintik. És mégis az emberi kultúra fejlődése és a veszélyes fegyverek fejlesztése és ezen erőforrások megrontása okozta az alien Beavatkozást.

Talán elgondolkozol azon, hogy miért nem történt diplomatikusabb kapcsolatfelvétel az emberiség vezetőivel. Ez egy jó kérdés, csak itt az adja a nehézséget, hogy senki sincs aki az emberiséget képviselné, mert a népetek megosztott és a nemzetek egymással szemben állnak. A látogatók, akikről beszélünk, azt a következtetést vonták le, hogy harcias és agresszív faj vagytok, akik csak kárt és ellenségeskedést hoznátok a körülöttetek lévő világegyetemre, még a jó tulajdonságaitok ellenére is.

Ezért ebben az előadásban szeretnénk egy elképzelést adni arról, hogy mi is zajlik valójában, mit fog ez jelenteni az emberiség számára és hogyan függ ez össze a spirituális fejlődéseddel, a társadalmi fejlődéseddel és a jövőddel a világban és a világok Nagyobb Közösségében.

Az emberek nincsenek tudatában az alien erők jelenlétének, nincsenek tudatában az erőforrások felkutatóinak jelenlétével, akik a saját maguk hasznára szeretnének szövetséget kötni az emberiséggel. Talán itt adhatunk egy kis ízelítőt abból, hogy milyen is az élet az ismerős határokon túl, mert még nem jutottatok el messzire és ezekről a dolgokról nem tudtok magatok számadást tenni.

A galaxisnak egy elég népes részén éltek. Nem minden része a galaxisnak ennyire lakott. Sok felderítetlen terület van. És sok rejtett faj él. A világok közötti csere és kereskedelem csak bizonyos térségben bonyolodik. A környezet, amibe beleolvadtok nagyon is versenyképes. Az erőforrások szüksége mindenhol megtapasztalható és a technológiai társadalmak közül sokan kihasználták a saját világuk természetes erőforrásait és muszály, hogy kereskedjenek, cseréljenek és utazzanak, hogy megszerezzék azt, amire szükségük van. Ez egy nagyon bonyolult helyzet. Sok szövetség jön létre és konfliktusok is előfordulnak.

Talán ennél a pontnál szükséges ráébredni, hogy a Nagyobb Közösség amelybe beleolvadtok, egy nehézségekkel és megpróbáltatásokkal teli környezet, de mégis ez egy nagyszerű alkalom és nagyszerű lehetőséget hoz az emberiség számára. Azonban, hogy ezeket a lehetőségeket és előnyöket észre lehessen venni, az emberiségnek muszály felkészülnie és tanulnia arról, hogy milyen is az élet a világegyetemben. És muszály megérteni, hogy mit jelent a spiritualitás az intelligens élet Nagyobb Közösségében.

A saját történelmünkből mi megértjük, hogy ez a legnagyobb átlépendő küszöb, amivel bármelyik világnak valaha szembe kell néznie. Ez mégsem olyasvalami, amire magadtól felkészülhetsz. Ez nem olyasvalami, amit a jövődre nézve magadnak eltervezhetsz. Mert azok az erők, akik elhoznák a Nagyobb Közösség valóságát, már jelen vannak a világban. A körülmények hozták ide őket. Itt vannak.

Talán ez ad egy betekintést arról, hogy milyen is az élet a határaidon túl. Nem akarunk egy félelmetes képet eléd festeni, de a saját jóléted és jövőd érdekében szükséges, hogy őszintén értékeld és tisztán lásd ezeket a dolgokat.

Úgy érezzük, hogy a felkészülés szüksége a Nagyobb Közösségben lévő életre, a legjobban szükséges ma a világotokban. És mégis a megfigyeléseink alapján, az emberek a saját ügyeikkel és a saját problémáikkal vannak elfoglalva a mindennapi életükben, nincsenek tudatában a nagyobb erőknek, amelyek meg fogják változtatni a sorsukat és hatással lesznek jövőjükre.

Azok az erők és csoportok, akik ma itt jelen vannak, több különböző szövetségeket képviselnek. Ezek a különböző szövetségek az erőfeszítéseikben nem egyesültek egymással. Minden szövetség számos különböző faji csoportot képvisel, akik azért a célért működnek együtt, hogy hozzáférjenek a világ erőforrásaihoz és hogy fenntarthassák ezt a hozzáférhetőséget. Lényegében, ezek a különböző szövetségek versengenek egymással, bár nem állnak háborúban egymással. A világotokat egy nagy nyereménynek tekintik, olyasvalamit, amit maguknak akarnak megszerezni.

Ez egy nagyon nagy kihívást hoz létre az emberek számára, mert azok az erők, akik látogatnak titeket, nem csak technológiailag fejlettek, de társadalmilag is erősen összefogottak és képesek befolyásolni a gondolatot a Mentális Környezetben. Látod, a Nagyobb Közösségben a technológia könnyen megszerzhető és a gondolat befolyásolásának képessége ezért nagy előny az egymással versengő társadalmak között. Ez nagyon kifinomultan van bemutatva. Ez olyan képességek sorát képviseli, amit az emberiség még csak most kezd el felfedezni.

Ennek eredményeként a látogatóitok nem nagyszerű fegyverekkel, felszerelt seregekkel, vagy hajócsapatokkal érkeznek. Viszonylag kis csoportokban érkeznek, de jelentős kézséggel rendelkeznek az emberek befolyásolásában. A Nagyobb Közösségben ez, a hatalmi erő sokkal érettebb és kifinomultabb használatát képviseli. Ez az a képesség, amit a jövőben az emberiségnek el kell sajátítania, ha a többi fajjal sikeresen akar megküzdeni.

A látogatók azért vannak itt, hogy megszerezzék az emberiség hűségét. Nem akarják elpusztítani az emberi létesítményeket vagy az emberi jelenlétet. Ehelyett ezeket a saját hasznukra akarják felhasználni. A szándékuk foglalkoztatás, nem pusztítás. Úgy érzik joggal teszik, mert azt hiszik, hogy megmentik a világot. Egyesek még azt is hiszik, hogy az emberiséget mentik meg saját magától. De ez a szempont nem a legfőbb érdekeidet szolgálja és nem is a bölcsesség vagy az önrendelkezés kialakulását segíti elő az emberi családban.

De mivel a Nagyobb Közösség Világaiban jó erők is vannak, ezért vannak szövetségeseid is. Mi a szövetségeseid hangját képviseljük, az Emberiség Szövetségeseiét. Mi nem azért vagyunk itt, hogy használjuk az erőforrásaitokat vagy elvegyük tőletek azt, amivel rendelkeztek. Nem kívánjuk az emberiséget kliens állammá vagy gyarmattá alapítani a saját hasznunkra. Ehelyett a bölcsességet és az erőt kívánjuk ápolni és elősegíteni az emberiségen belül, mert mi ezt támogatjuk az egész Nagyobb Közösségen belül.

A mi szerepünk tehát nagyon fontos és az információnkra nagy szükség van, mert ebben az időben még azok az emberek is, akik tisztában vannak a látogatók jelenlétével, nincsenek tudatában a szándékaiknak. Az emberek nem értik a látogatók módszereit. És nem értik a látogatók etikáját és erkölcsét. Az emberek azt hiszik, hogy a látogatók vagy angyalok vagy szörnyek. De a valóságban szükségleteikben nagyon is hasonlítanak rád. Ha az ő szemükön keresztűl láthatnád a világot, megértenéd a tudatosságukat és a motivációjukat. De ahhoz, hogy ezt megtegyed a sajátodén túlra kell kalandoznod.

A látogatók négy alapvető tevékenységben vesznek rész annak érdekében, hogy befolyását szerezzenek a világotokon belül. Ezen tevékenységek mindegyike egyedi, de mindezek össze vannak hangolva. Ezek kivitelezés alatt vannak, mert az emberiséget már régóta tanulmányozzák. Az emberi gondolatot, az emberi viselkedést, az emberi fiziológiát és az emberi vallást már régóta tanulmányozzák. Ezeket jól megértették a látogatók és fel lesznek használva a saját céljaikra.

A látogatók első tevékenységi területe, a hatalmi és a hatósági pozícióban lévő egyének befolyásolása. Mivel a látogatók nem akarnak semmit elpusztítani vagy a világ erőforrásait károsítani, így azok felett szeretnének befolyást szerezni, akiket úgy ítélnek meg, hogy hatalmi pozíciókban vannak, elsősorban a kormányon és a valláson belül. Keresik a kapcsolatot, de csak bizonyos egyénekkel. Meg van az erejük ehhez a kapcsolatfelvételhez és meg van az erejük a meggyőzésre. Nem fognak mindenkit meggyőzni azok közül, akivel kapcsolatba lépnek, de sokan lesznek. A nagyobb hatalom, a nagyszerűbb technológia és a világuralom ígérete sok egyént fog ármánykodóvá tenni és ösztönözni. És ezek azok a személyek, akikkel a látogatók szeretnének kapcsolatot kialakítani.

A világ kormányaiban még nagyon kevés az olyan ember, akik ilyen módon érintettek, de a számuk egyre növekszik. A látogatók értik a hatalmi hierarchiát, mert ők maguk is így élnek, mondhatnánk úgy is, hogy követik a saját parancsnoki rendjüket. Felettébb szervezettek és a törekvéseikben nagyon koncentráltak és egy szabad egyénekből álló kultúrának a gondolata, nagyrészt idegen számukra. Az egyéni szabadságot nem tudják felfogni vagy megérteni. Olyanok, mint sok más technológiailag fejlett társadalom a Nagyobb Közösségben, akik mind a saját világukon belül működnek és mind a megalapozott létesítményeikben szerte a hatalmas kiterjedésű térben, hasznosítva egy nagyon jól megalapozott és merev kormányzati formát és szervezetet. Azt hiszik, hogy az emberiség kaotikus és rakoncátlan és úgy érzik egy olyan dologba hoznak rendet, amit saját maguk még nem tudnak felfogni. Az egyéni szabadság számukra nem ismert és nem látják az értékét. Ennek eredményeként, amit a világban szeretnének megalapozni, az nem fogja tisztelni ezt a szabadságot.

Ezért a törekvéseik első területe, hogy kapcsolatot létesítsenek a hatalmi és befolyásos pozícióban lévő egyénekkel hűségük megszerzéséért és meggyőzzék őket a kapcsolat és a közös cél kedvező aspektusairól.

A második munkálkodási terület, amit talán a te szempontodból a legnehezebb felfogni, az a vallási értékek és impulzusok manipulálása. A látogatók értik, hogy az emberiség legnagyszerűbb képességei, ugyancsak a legnagyobb sebezhetőségi pontot is képviselik. Az emberek egyéni megváltás utáni vágyakozása képviseli a legnagyobb kincset, amit az emberi család fel tud ajánlani, még a Nagyobb Közösségnek is. De ez ugyancsak a gyengeséged is. És ezek azok az értékek és impulzusok, amelyeket ki fognak használni .

A látogatók több csoportja is úgy szeretné magát megalapozni, mint spirituális ügynökök, mert tudják hogyan kell beszélni a Mentális Környezetben. Közvetlenül tudnak az emberekkel kommunikálni és sajnos, mert nagyon kevés ember van a világon, aki képes felismerni a különbséget a spirituális hang- és a látogatók hangja között, a helyzet nagyon nehézzé válik.

Ezért a második tevékenységi területe az emberek hűségének elnyerése vallási és spirituális indíttatásaik révén. Tulajdonképpen ez könnyen megvalósítható, mert az emberiség még nem elég erős és kifejlett a Mentális Környezetben. Az embereknek nehéz felismerni, honnan jönnek ezek az impulzusok. Sok ember szeretné átadni magát bárminek, amiről úgy gondolja, hogy nagyszerűbb hangja és nagyobb hatalma van. A látogatók képeket tudnak eléd vetíteni - szentek képeit, a tanáraid képeit, angyalokat, - képeket, amelyek a világodon belül szentek és kedvesek. Ezt a képességet kifejlesztették, miközben sok-sok évszázadon keresztül megpróbálták egymást befolyásolni és a meggyőzés módjait elsajátítani, amit sok helyen gyakorolnak a Nagyobb Közösségben. Téged primitívnek tartanak és ezért úgy érzik befolyásolhatnak és ezeket a módszereket használhatják rajtad.

Itt olyan személyekkel kísérelnek meg kapcsolatot felvenni, akik érzékenynek és fogékonynak és természetüknél fogva együttműködőnek tartanak. Sok embert fognak kiválogatni, de e konkrét tulajdonságok alapján csak kevesen lesznek kiválasztva. A látogatók ezen egyének hűségének megszerzésére fognak törekedni, hogy megnyerjék a bizalmukat és elnyerjék az odaadásukat, a hallgatóknak azt mondva, hogy a látogatók az emberiség spirituális felemelkedéséért vannak itt, hogy új reményt, új áldást és új hatalmat adjanak – valójában azokat a dolgokat ígérik, amit az emberek annyira szeretnének, de még saját maguk nem találtak meg. Talán eltűnődsz azon,"Hogyan is történhet meg egy ilyen dolog?" De biztosíthatunk róla, hogy ez nem nehéz, ha már egyszer megtanultad ezeket a képességeket és készségeket.

A törekvés itt az, hogy megnyugtassák és spirituális rábeszéléssel átneveljék az embereket. Ez az „Elcsendesítő Program", különböző vallási csoportoknál, különböző képpen van használva, az eszméik és a temperamentumuktól függően. Ez mindig fogékony emberekre van irányítva. Itt azt remélik, hogy az emberek el fogják veszíteni a megkülönböztetési érzéküket és teljesen meg fognak bízni a nagyobb erőben, amit úgy éreznek, hogy a látogatók adnak nekik. Amint ezt a hűséget megalapították, az embereknek egyre inkább nehezebbé válik megkülönböztetni, hogy mi az amit önmaguktól tudnak és mi az, ami mondva van nekik. Ez egy nagyon finom, de nagyon elterjedt formája a meggyőzésnek és a manipulációnak. Ahogy haladunk előre, erről még többet fogunk beszélni.

Szeretnénk most megemlíteni a harmadik tevékenységi területet, amelynek célja a látogatók jelenlétének megalapozása a világban és az emberek hozzászoktatása ehhez a jelenléthez. Azt akarják, hogy az emberiség hozzászokjon ehhez a nagyon nagy változáshoz, aminek a kellős közepén vagytok, - hogy hozzászokjál a látogatók fizikai jelenlétéhez és a saját Mentális Környezetedre gyakorolt hatásához. Ahhoz, hogy ezt a célt szolgálják, létesítményeket fognak létrehozni, de nem szem előtt. Ezek a létesítmények el lesznek rejtve, de nagyon erős ráhatással lesznek a közelében élő emberi lakosságra. A látogatók nagy gondot és időt fordítanak arra, hogy megbizonyosodjanak ezen létesítmények hatékonyságáról és hogy elegendő ember hűséges hozzájuk. Ezek azok az emberek, akik meg fogják óvni és megőrzik a látogatók jelenlétét.

Pontosan ez az, ami most a világotokban történik. Ez nagy kihívást és sajnos nagy kockázatot jelent. Ugyanez a dolog, amit körülírtunk, oly sokszor és oly sok helyen megtörtént a Nagyobb Közösségben. És a legsebezhetőbbek mindig a kialakulóban lévő fajok, mint például a tiéd. Egyes fejlődő fajok képesek a saját tudatosságukat, a képességüket és az együttműködésüket olyan mértékben létrehozni, hogy ellensúlyozni tudják az ilyen külső hatásokat és a Nagyobb Közösségben egy jelenlétet és egy pozíciót tudnak kialakítani. Mégis sok faj esik idegen hatalmak irányítása alá, még mielőtt elérnék ezt a szabadságot.

Megértjük, hogy ez az információ jelentős félelmet és talán tagadást és zavart kelthet. De ahogy az eseményeket megfigyeltük, rájöttünk, hogy nagyon kevés ember van tisztában a helyzettel, ahogy az valójában létezik. Még azok az emberek sem, akik kezdenek tudatára ébredni az alien erők jelenlétének, nincsenek abban a helyzetben és nincs meg az a rálátási pontjuk, hogy tisztán tudják látni a helyzetet. És a mindig reménykedő és optimista, annyi pozitív értelmezést próbál adni ennek a nagy jelenségnek, amennyit csak tud.

Azonban, a Nagyobb Közösség egy versenyképes környezet, egy nehéz környezet. Azok, akik részt vesznek az űrutazásban, nem a spirituálisan fejletteket képviselik, mert a spirituálisan fejlettek, a Nagyobb Közösségtől való elszigetelődést keresik. Nem próbálnak meg kereskedni. Nem törekednek más fajok befolyásolására vagy résztvenni a rendkívül összetett kapcsolataikban, ami kölcsönös haszon és kereskedelmi célokért van megalapozva. Ehelyett, a spirituálisan fejlettek, igyekeznek elrejtőzve maradni. Talán ez egy teljesen más felfogás, de szükséges ahhoz, hogy meg tudd érteni, milyen nagy kínos helyzettel kell az emberiségnek szembenéznie. És mégis, ez a kellemetlen helyzet nagy lehetőségeket tartalmaz. Most ezekről szeretnénk beszélni.

Az általunk körülírt helyzet súlyossága ellenére nem érezzük úgy, hogy ezek a körülmények tragédiák az emberiség számára. Valójában, ha ezek a körülmények felismertek és megértettek, és ha a Nagyobb Közösségre való felkészülés, ami már létezik a világban, ki van használva, tanulmányozva és alkalmazva van, akkor a jó lelkiismeretű emberek mindenhol képesek lesznek arra, hogy a Nagyobb Közösség Tudásáról és Bölcsességéről tanuljanak. Így az emberek, mindenhol képesek lesznek megtalálni az együttműködés alapját, hogy az emberi család végre létrehozzon egy olyan egységet, amely itt még soha nem jött létre. Mert a Nagyobb Közösség beárnyékolására lesz szükség az emberiség egyesítéséhez. Ez a beárnyékolás most történik.

Ez az evolúciód része, hogy az intelligens élet Nagyobb Közösségébe olvadj. Ez meg fog történni, akár felkészültél, akár nem. Ennek meg kell történnie. Ezért a felkészülés kulcsfontosságú. A megértés és a tisztánlátás – ezek azok a dolgok melyek szükségesek és nélkülözhetetlenek a világodban ezekben az időkben.

Az emberek mindenhol nagy lelki ajándékokkal rendelkeznek, melyek lehetővé teszi számukra, hogy tisztán lássanak és tudjanak. Most ezekre az ajándékokra van szükség. Ezeket kell felismerni, alkalmazni és szabadon megosztani. Ez nem csupán egy nagy tanítónak vagy egy nagy szentnek kell megtennie a világodban. Most muszály, hogy ezt sokkal több ember művelje. A helyzet hozza magával ennek szükségét, és ha ezt a szükséget meg tudjuk ragadni, nagyszerű lehetőségeket hoz magával.

Ugyanakkor, a Nagyobb Közösségről való tanulás követelménye és, hogy elkezd megtapasztalni a Nagyobb Közösség Spiritualitását, hatalmas. Ezelőtt az emberi lényeknek még soha nem kellett ilyen dolgokról tanulnia, ilyen rövid idő alatt. De most ennek szüksége megváltozott. A körülmények mások. Most új hatások közepén vagytok, olyan hatások közepén, amelyeket érezni lehet és melyeket tudni lehet.

A látogatók igyekeznek az embereket képtelenné tenni, hogy ilyen látóképességük és belső Tudásuk legyen, mert a látogatóidban ez nincs meg. Ők nem látják ennek értékét. Nem fogják fel ennek a valóságát. Ebben, az emberiség fejlettebb, mint ők. De ez csak egy csírájában lévő lehetőség, egy lehetőség, amelyet ki kell most fejleszteni.

Az idegenek jelenléte egyre növekszik a világban. Minden nap, minden évben növekszik. Sokkal több ember esik a meggyőzése alá, veszíti el a tudás képességét, megzavarodnak és megőrülnek, olyan dolgokban hisznek, ami csak gyengíti és tehetetlenné teszi őket, azokkal szemben, akik saját céljaikra akarnák felhasználni őket.

Az emberiség egy kibontakozóban lévő faj. Sebezhető. Olyan körülmények és befolyások sorával néz szembe most, amelyekkel ezelőtt még soha nem kellett szembenéznie. Csak odáig fejlődtetek, hogy egymással versenyezzetek. Még soha nem kellett nektek más intelligens életformával versenyeznetek. És mégis, ez a konkurrencia az, ami megerősít és előhívja a legnagyszerűbb tulajdonságaidat, ha a helyzet tisztán látható és érthető.

A Láthatatlanok szerepe az, hogy ezt az erőt támogassák. A Láthatatlanok, akiket jogosan hívhatsz angyaloknak, nem csak az emberi szívhez szólnak, de a szívekhez mindenhol, akik képesek meghallani és akik ennek meghallásához megszerezték a szabadságot.

Mi tehát, egy nehéz üzenettel érkeztünk, de ez a remény és ígéret üzenete. Talán ez nem az az üzenet, amit az emberek hallani akarnak. Ez kétség kívül, nem az az üzenet, amit a látogatók hírdetnek. Ezt az üzenetet meg lehet osztani egyik embertől a másikig, és ez meg lesz osztva, mert ennek megtétele természetes. De mégis, a látogatók és azok akik már a meggyőzésük alá estek, ellenzni fogják ezt a tudatosságot. Nem akarnak egy független emberiséget látni. Nem ez a céljuk. Nem is hiszik azt, hogy ez előnyös. Ezért őszinte vágyunk, hogy ezek a gondolatok felindulás nélkül kerüljenek megfontolásra, de komolysággal és mély aggodalommal, ami itt jól indokolt.

Megértésünk szerint, sok ember van ma a világon, akik úgy érzik, hogy nagy változás közeleg az emberiség számára. Ezeket a dolgokat a Láthatatlanok mondták el nekünk. A változások érzésének számos okot tulajdonítanak. És sokféle kimenetelt jósolnak. Ám, amíg el nem kezded felfogni annak a valóságát, hogy az emberiség egy intelligens élet Nagyobb Közösségébe bontakozik ki, addig még nem rendelkezel a megfelelő értelmezési háttérel az emberiség sorsát illetően vagy a nagy változásokat illetően, amelyek a világban történnek.

A mi szempontunkból az emberek azért születnek egy bizonyos időben, hogy azt az időt szolgálják. Ez a Nagyobb Közösségi Spiritualitás tanítása, amelynek mi is a tanítványai vagyunk. Szabadságra és a közös cél erejére tanít. Felhatalmazást ad az egyénnek és azoknak a személyeknek, akik csatlakozni tudnak másokkal – oly gondolatok, amelyek ritkán elfogadottak vagy jóváhagyottak a Nagyobb Közösségben, mert a Nagyobb Közösség nem a mennyei állapot. Ez egy fizikai valóság, a túlélés szigorával és minden mással ami ezzel jár. Ezen a valóságon belül minden lénynek meg kell küzdenie az ilyen szükségletekkel és problémákkal. És ebben a látogatóid sokkal jobban hasonlítanak hozzád, mint gondolnád. Ők nem felfoghatatlanok. Azt szeretnék, ha felfoghatatlanok lennének, de meg lehet őket érteni. Ehhez meg van az erőd, de tiszta szemmel kell látnod. Egy tágasabb látómezővel kell látnod, nagyobb intelligenciával tudnod, aminek a magadban való kifejlesztéséhez meg van a lehetőséged.

Most szükséges, hogy bővebben beszéljünk a meggyőzés és a befolyásolás második területről, mert ennek nagy jelentősége van és őszinte vágyunk, hogy megértsd ezeket a dolgokat és magad is mérlegeld.

Az emberi elkötelezetséghez és az emberi hűséghez a kulcsot a világ vallásai tartják a kezükben, jobban mint a kormányok vagy bármely más intézmény. Ez magáért beszél az emberiségről, mert ilyen vallásokat sokszor nehéz találni a Nagyobb Közösségben. Ilyen tekintetben a világotok gazdag, de az erősséged az a pont, ahol sebezhető és gyenge is vagy. Sokan várnak arra, hogy isteni vezetést és kijelölést kapjanak, Hogy átadják a saját életük gyeplőjét és egy nagyobb spirituális erő írányítsa, tanácsolja és megvédje őket. Ez egy őszinte vágy, de a Nagyobb Közösség kontextusában, jelentős bölcsesség kifejlesztésére van szükség, hogy ez a vágy beteljesüljön. Nagyon szomorú nekünk azt látni, hogy az emberek milyen könnyedén átadják a saját hatalmukat, - azt ami teljesen soha nem is volt meg nekik, önként adják át azoknak, akik számukra ismeretlenek.

Ennek az üzenetnek a célja, hogy elérje azokat az embereket, akiknek nagyobb spirituális affinitásuk van. Ezért szükséges, hogy ezt a témát kihangsúlyozzuk. Mi a Nagyobb Közösségben tanított spiritualitást támogatjuk, nem azt a szellemiséget amit nemzetek, kormányok vagy politikai szövetségek szabályoznak, hanem egy természetes spiritualitást – a tudás, a látás és a cselekvés képességét. És ez mégsincs kihangsúlyozva a látogatóid által. Törekednek elhitetni az emberekkel, hogy a látogatók a családjuk, a látogatók az otthonuk, a látogatók a fiú vagy lánytestvérük, az anyjuk és az apjuk. Sok ember szeretne hinni, így elhiszik. Az emberek át akarják adni a személyes hatalmukat, így ez át is van adva. Az emberek a barátot és a megváltót akarják látni a látogatókban, ezért ezt mutatják nekik.

Nagy józanságra és tárgyilagosságra lesz szükség annak érdekében, hogy ezeken a megtévesztéseken és ezeken a nehézségeken át lehessen látni. Erre lesz szükségük az embereknek, ha az emberiség sikeresen akar beleolvadni a Nagyobb Közösségbe és meg akarja őrizni a szabadságát és önrendelkezését egy nagyobb befolyások és nagyobb erők környezetében. Ebben, a világotok egy puskalövés nélkül bevehető lenne, de az erőszak primitívnek és durvának minősül és az ilyen ügyekben ritkán alkalmazott.

Talán lehet, hogy megkérdezed: "Ez azt jelenti, hogy a világunk egy invázió alatt van"? Azt kell mondanunk, hogy erre a válasz " igen", az invázió legkifinomultabb fajtája. Ha ebbe bele tudsz gondolni és komolyan tudod venni, magadtól is képes leszel ezeket a dolgokat meglátni. Ennek az inváziónak a bizonyítéka mindenhol jelen van. Láthatod, hogy az emberi képességek hogyan vannak ellensúlyozva a boldogság, a béke és a biztonság utáni vággyal, hogy az emberek látása és a tudásra való képességük még a saját kultúrájukon belül is befolyások által vannak akadályozva. Mennyivel nagyobbak lesznek ezek a befolyások a Nagyobb Közösség környezetén belül.

Ez az a nehéz üzenet, amit be kell mutatnunk. Ez az üzenet, amit ki kell mondani, az igazság, amiről beszélni kell, az igazság ami alapvető fontosságú és nem tud várni. Annyira szükséges, hogy az emberek most egy nagyobb Tudásról, nagyobb Bölcsességről és nagyobb Spiritualításról tanuljanak, hogy ezáltal megtalálhassák az igazi képességeiket és hatékonyan tudják ezeket használni.

A szabadságod forog kockán. A világod jövője forog kockán. Emiatt küldtek minket ide, hogy az Emberiség Szövetségesei nevében beszéljünk. Vannak a világegyetemben olyanok, akik a Tudást és a Bölcsességet életben tartják és a Nagyobb Közösségek Spiritualitását gyakorolják. Ők nem utaznak mindenfelé, hogy más világokat befolyásoljanak. Nem visznek el embereket az akaratuk ellenére. Az állataidat és növényeidet nem lopják el. Ők nem befolyásolják a kormányaitokat. Nem próbálnak meg az emberiséggel keveredni annak érdekében, hogy itt egy új vezetőséget hozzanak létre. A szövetségeseitek nem kívánnak beleavatkozni az emberi ügyekbe. Nem próbálják meg manipulálni az emberi sorsot. Ők a távolból figyelnek és követeket küldenek, mint amilyek mi vagyunk, nagy kockázatot vállalva, hogy tanácsot és bátorítást adjunk és tisztázhassuk a dolgokat, amikor az szükségessé válik. Ezért mi békével jöttünk, egy fontos üzenettel.

Most a negyedik területről kell beszélnünk, amelyben arra törekednek a látogatók, hogy itt letelepedjenek, keresztezésen keresztűl. Nem tudnak a környezetedben élni. Szükségük van a fizikai állóképességedre. Szükségük van a világgal való természetes kapcsolatodra. Szükségük van a szaporodási képességedre. Azért is szeretnének kapcsolódni hozzád, mert tudják, hogy ez hűségi kapcsolatott hoz létre. Ily módon megalapozzák magukat itt, mert az ilyen program utódai vérrokonságban lesznek a világgal és mégis a látogatókhoz lesznek hűséggel. Talán ez hihetetlennek tűnik, de mégis nagyon is valóságos.

A látogatók nem azért vannak itt, hogy a szaporodási képességeidet elvegyék tőled. Azért vannak itt, hogy letelepedjenek. Azt akarják, hogy az emberiség higgyen bennük és szolgálja őket. Azt akarják, hogy az emberiség nekik dolgozzon. E cél elérése érdekében bármit meg fognak ígérni, bármit fel fognak ajánlani és bármit megtesznek. Bár a rábeszélő képességük nagyszerű, kis számban vannak. De a befolyásuk növekszik, és a keresztező programjuk, ami már pár generáció óta folyamatban van, előbb-utóbb hatékony lesz. Ezek nagyobb intelligenciával rendelkező emberi lények lesznek, de nem az emberi családot fogják képviselni. Az ilyen dolgok lehetségesek és számtalanszor előfordultak a Nagyobb Közösségben. Csak a saját történelmedre kell ránézni, hogy lásd a kultúrák és fajok egymásra gyakorolt hatását és hogy lásd milyen domináns és befolyásos kölcsönhatások lehetnek.

Így fontos és komoly híreket hoztunk magunkkal. De szívhez kell hogy szóljon, mert itt most vegyes érzelmeknek nincs helye. Ez nem a menekülés ideje. Ez nem az az idő, ami a saját magad boldogságáról szól. Itt az ideje, hogy hozzájárulj a világhoz, erősítsd az emberi családot és hogy az emberekben lévő természetes képességek elő legyenek hívva – a látás, a tudás és az egymással harmóniában lévő cselekvés képessége. Ezek a képességek ellensúlyozzák az emberekre mért befolyást, de ezeket a képeségeket fejleszteni kell és egymással megosztani. Ez kiemelkedően fontos.

Ez a mi tanácsunk. Jó szándékkal érkezik. Örülj neki, hogy vannak szövetségeseid a Nagyobb Közösségben, mert szükséged lesz szövetségesekre.

Egy nagyobb világegyetembe léptek be, tele olyan erőkkel és hatásokkal, amelyeket még nem tanultatok meg ellensúlyozni. Az élet tágabb panorámájába léptek. És erre fel kell készülni. Szavaink a felkészülésnek csak egy részét képezik. Egy felkészülés van a világba küldve. Ez nem tőlünk származik. Ez a minden élet Teremtőjétől származik. Épp jó időben jött. Mert ez az az idő, amikor az emberiségnek erőssé és bölccsé kell válnia. Ehhez meg van a képességed. És az életed eseményei és körülményei ennek nagy szükségét mutatják.

Az Emberi Szabadság Próbatétele

A z emberiség kollektív fejlődésének egy nagyon veszélyes és nagyon fontos időszakához közeledik. Az intelligens élet Nagyobb Közösségébe való beleolvadás határán vagytok. Olyan más fajok lényeivel fogtok találkozni, akik azért jönnek a világotokba, hogy megvédjék a saját érdekeiket és felderítsék az előttük álló lehetőségeket. Ők nem angyalok vagy angyali lények. Nem spirituális entitások. Ők olyan lények, akik az erőforrásokért, a szövetkezésért jönnek a világotokba és hogy előnyre tegyenek szert egy feltörekvésben lévő világban. Ők nem gonoszok. Nem szentek. Ezekben a dolgokban ők is olyanok, mint ti vagytok. Őket egyszerűen csak a szükségleteik, a szövetkezéseik, a hitük és a kollektív céljuk vezérli.

Ez egy nagyon nagy idő az emberiség számára, de az emberiség nincs felkészülve. A mi nézőpontunkból ezt nagyobb megvilágításban láthatjuk. Mi nem avatkozunk bele a világotokban lévő egyének mindennapi életébe. Mi nem törekszünk a kormányok meggyőzésére vagy igényt formálni

az itt létező bizonyos erőforrásokra vagy a világ bizonyos részeire. Ehe-
lyett mi megfigyelünk és az észrevételeinket szeretnénk jelenteni, mert ez
a mi küldetésünk itt.

A Láthatatlanok elmondták nekünk, hogy ma sokan vannak, akik
egy furcsa kényelmetlenséget éreznek, egyfajta bizonytalan sürgősséget,
egy olyan érzést, hogy valami történni fog és valamit tenni kell. Lehet,
hogy a mindennapi tapasztalataik területen semmi sincs, ami megala-
pozná ezeket a mélyebb érzéseket, ami igazolná ezeknek az érzéseknek a
fontosságát vagy ami kifejezéseiknek tartalmat adna. Ezt mi megtudjuk
érteni, mert a saját történelmünk során nekünk is hasonló dolgokon
kellett átmennünk. Több különböző fajt képviselünk, akik kis szö-
vetségünkben egyesültek, hogy a Tudás és Bölcsesség kibontakozását
támogassuk a Világegyetemben, különösen olyan fajoknál, melyek a Na-
gyobb Közösségbe való olvadás küszöbén vannak. Ezek a feltörekvő
fajok, különösen kiszolgáltatottak az idegen befolyásnak és manipuláció-
nak. Különösen kiszolgáltatottak abban, hogy a helyzetüket félreértsék,
ami érthető, mert hogyan is tudnák felfogni a Nagyobb Közösségen belüli
élet értelmét és összetettségét? Ez az amiért szeretnénk a mi kis szerepün-
ket betölteni az emberiség felkészítésében és tanításában.

Az első jelentésünkben átfogó leírást adtunk a látogatók négy
munkálkodási területéről. Az első terület, a kormányok hatalmi pozí-
cióiban és a vallási intézmények élén álló fontos emberekre gyakorolt
befolyás. A második befolyásolási terület azokat érinti, akik spirituális
hajlammal rendelkeznek és akik szeretnék magukat megnyitni a vilá-
gegyetemben létező nagyobb erő felé. A harmadik munkálkodási terület
a látogatók olyan létesítmények építése a világban, kulcsfontosságú
stratégiai helyeken, lakossági központok közelében, ahonnan a Mentális
Környezetre gyakorolt hatásuk kivitelezhető. És végül, beszéltünk az em-

beriséggel való kereszteződési programjukról, arról a programról, ami már egy jó ideje folyamatban van.

Tisztában vagyunk azzal, hogy milyen aggasztó lehet ez a hír és talán sok ember számára kiábrándító is lehet sok ember számára, akik nagy elvárásokat és reményeket fűztek ahhoz, hogy a határokon túlról érkező látogatók áldást és nagy hasznot hoznak majd az emberiség számára. Talán természetes ezeket a dolgokat feltételezni és elvárni, de a Nagyobb Közösség, amibe az emberiség beleolvad, egy nehéz és versenyképes környezet, különösen a világegyetem azon részein, ahol sok kölönböző faj van kölcsönhatásban egymással és versenyeznek egymással az üzletért és kereskedelemért. A te világod egy ilyen területen helyezkedik el. Ez hihetetlennek tűnhet számodra, mert mindig is úgy tűnt, hogy egyedül, elszigetelve éltél a tér hatalmas ü> ürességében. De valójában a világegyetem egy lakott részén élsz, ahol az üzlet és a kereskedelem megalapozott és ahol a hagyományok, interakciók és társulások már régóta fennállnak. És a hasznodra, egy csodálatos világban élsz – számos biológiai sokféleség világában, egy csodálatos világban, szemben oly sok más világ pusztaságával.

Azonban ez az, ami a helyzet sürgősségét adja és valódi veszélyt jelent, mert birtokotokban van az, amit sokan mások akarnak maguknak. Nem elpusztítani akarnak benneteket, hanem hogy elérjék a hűségedet és szövetségedet azért, hogy a világban való létezésed és tevékenységed az ő javukat szolgálja. Kifejlett és bonyolult körülmények közé kerülsz. Itt már nem lehetsz olyan mint egy kisgyerek, aki azt hiszi és azt reméli, hogy mindenki, akivel találkozik áldást hoz rá. Éleselméjűvé és bölcsé kell válnod, ahogy nekünk is, a történelmünk során bölcsé és éleselméjűvé kellett válnunk. Most az emberiségnek tanulnia kell a Nagyobb Közösség útjairól, a fajok közötti interakció bonyolultságáról, a kereskedelem

összetettségéről és az egyesületek és szövetkezetek árnyaltabb manipulá-
ciójáról, amelyek a világok között lettek kialakítva. Ez egy nehéz, de
fontos időszak az emberiség számára, nagyon ígéretes időszak, ha egy
igazi felkészülés megtörténik.

Ebben a második előadásunkban részletesebben szeretnénk beszélni
a különböző látogató csoportok emberi ügyekbe való beavatkozásáról
és hogy ez számodra mit jelenthet és mit fog ez megkövetelni. Nem
azért jöttünk, hogy félelmet keltsünk, hanem azért, hogy felelősség ér-
zetet provokáljunk, nagyobb tudatosságot keltsünk és arra az életre való
felkészülést támogassuk, amelybe most belépsz, egy nagyszerűbb élet, de
nagyobb problémákkal és kihívásokkal is jár.

Mi a Láthatatlanok jelenléte és spirituális ereje által lettünk ideküld-
ve. Talán barátságosabb módon úgy gondolsz rájuk, mint angyalokra, de
a Nagyobb Közösségben a szerepük nagyobb és a szerepvállalásuk és a
szövetségük mély és átható. Spirituális erejük azért van itt, hogy min-
den világban és minden helyen megáldják az érző lényeket és elősegítsék
a mélyebb Tudás és Bölcsesség fejlődésének kialakulását, amely lehetővé
teszi a békés kapcsolatok kialakulását, mind a világok között és a vilá-
gokon belül. Mi az ő nevükben vagyunk itt. Megkértek, hogy jöjjünk
ide. És a meglévő információink nagy részét tőlük kaptuk, olyan in-
formációt, amit nem tudtunk volna saját magunktól begyűjteni. Nagyon
sokat tanultunk tőlük a természetedről. Sokat tanultunk a képességeidről,
az erősségeidről, a gyengeségeidről és a kiszolgáltatottságodról. Mi meg
tudjuk érteni ezeket a dolgokat, mert ahonnan mi jöttünk, azoknak a
világoknak is a Nagyobb Közösségbe való olvadása során keresztűl kellett
lépnie ezt a köszöböt. Sokat tanultunk és sokat szenvedtünk a hibáinktól,
olyan hibáktól, amelyeket az emberiség reméljük elkerül.

Ezért mi nem csak a saját tapasztalatainkkal érkeztünk, hanem egy mélyebb tudatossággal és mélyebb céllal, amelyet a Láthatatlanok adtak nekünk. A világotokat egy közeli helyről figyeljük meg és mindazok kommunikációját megfigyeljük, akik titeket látogatnak. Tudjuk azt, hogy kik ők. Tudjuk, honnan jönnek és miért vannak itt. Mi nem versenyzünk velük, mert mi nem azért vagyunk itt, hogy kihasználjuk a világot. Mi az Emberiség Szövetségeseinek tartjuk magunkat és reméljük idővel te is annak fogsz majd tartani minket, mert mi azok vagyunk. És bár ezt nem tudjuk bizonyítani, de reméljük ezt a szavainkon keresztűl és a tanácsaink bölcsességével demonstrálni tudjuk. Reméljük, hogy fel tudunk készíteni arra, ami előtted áll. A küldetésünkre egyfajta sürgősséggel érkeztünk, mert az emberiség nagyon le van maradva a Nagyobb Közösségre való felkészülésben. Évtizedekkel ezelőtt a számos korábbi kísérlet az emberi lényekkel való kapcsolatfelvételre és az emberek jövőjére való felkészítésére, sikertelennek bizonyult. Csak néhány ember volt elérhető, és ahogy azt nekünk mondták, a legtöbb ilyen kapcsolatfelvételt félreértelmezték és mások által, különböző célokra lettek felhasználva.

Ezért minket küldtek azok helyett, akik előttünk jöttek, hogy segítséget nyújtsanak az emberiségnek. Az egyesült célunkért mi együtt dolgozunk. Nem egy nagy katonai erőt képviselünk, hanem inkább egy titkos és szent szövetséget. Nem szeretnénk azt látni, hogy azokat a fajta ügyeket, amelyek a Nagyobb Közösségben léteznek a világodon belül is elkövessék. Nem akarjuk azt látni, hogy az emberiség elveszíti a szabadságát és az önrendelkezését. Ezek valódi kockázatok. Ezért azt tanácsoljuk, mélyen vedd fontolóra a szavainkat, félelem nélkül, ha ez lehetséges és azzal a fajta meggyőződéssel és eltökéltséggel, amit tudunk, hogy minden emberi szívben ott rejlik.

Ma, holnap és holnapután, egy nagy tevékenység van folyamatban és lesz folyamatban azért, hogy az emberi faj felett létrehozzanak egy befolyásolási hálózatot, azok akik a saját érdekeikért látogatják a világot. Úgy érzik, hogy azért jönnek ide, hogy megmentsék a világot az emberiségtől. Néhányan azt is hiszik, hogy azért vannak itt, hogy az emberiséget saját magától mentsék meg. Úgy érzik helyesen cselekednek és nem veszik észre, hogy az intézkedéseik nem megfelelőek és nem etikusak. Az ő etikájuk szerint azt cselekszik, amit ésszerűnek és fontosnak tekintenek. Azonban, minden szabadságszerető lénynek, az ilyen fajta megközelítés nem ad indokoltságot.

Mi megfigyeljük a látogatók tevékenységeit, ami egyre növekszik. Minden évben egyre többen vannak itt. Messziről jönnek. Kellékeket hoznak magukkal. Elmélyítik az elkötelezetségüket és részvétüket. A Naprendszeredben sok helyen kommunikációs állomásokat hoznak létre. Megfigyelik az összes űrbe adott kezdeti sugárzásaitokat és ellene lesznek és el fognak pusztítanak bármit, amit úgy éreznek megzavarhatja a tevékenységüket. Nem csak a világod felett szeretnének ellenőrzést kialakítani, de a világodat körülvevő területeken is. Ez azért van, mert itt egymással versengő erők vannak. Mindegyik több faj szövetségét képviseli.

Most hadd foglalkozzunk a négy terület közül az utolsóval, amiről az első értekezésünkben már beszéltünk. Ez a látogatók emberi fajjal való keveredéséről szól. Először hadd adjunk egy kis történelmi betekintést. A ti időtök szerint sok ezer évvel ezelőtt, több faj jött az emberiséggel keveredni, hogy az emberiségnek egy nagyobb intelligenciát és alkalmazkodóképességet adjanak. Ez vezetett oly hirtelen, a mai „Modern Ember" megjelenéséhez. Ez az, ami neked dominanciát és hatalmat adott a világban. Ez régen történt.

Azonban, a jelenleg végbemenő keveredési program egyáltalán nem ugyanilyen. Ez különböző lények csoportja és különböző szövetségek által megy végbe. A keveredési programjukkal egy olyan lényt akarnak létrehozni, aki az ő szövetségüknek a része lesz, de aki képes ebben a világban élni és természetes rokonságban van a világgal. A látogatóitok nem tudnak a világod felszínén élni. Muszály föld alatti menedéket keresniük, amit meg is tesznek, vagy a saját űrhajójuk fedélzetén kell élniük, amit gyakran nagy kiterjedésű vízfelületekben rejtenek el. Azért szeretnének az emberiséggel keveredni, hogy a saját érdekeiket védjék, amelyek elsősorban a világotok erőforrásai. Az emberi hűséget szeretnék bebiztosítani és így több generáció óta vesznek részt a keveredési programban, ami az elmúlt húsz évben meglehetősen kiterjedtté vált.

A céljuk két részből áll. Először is, mint már említettük, a látogatók egy olyan emberhez hasonló lényt szeretnének létrehozni, aki képes a világotokban élni, de aki hozzájuk fog kötődni és aki az érzékenységek és képességek bővebb sorával fog rendelkezni. Ennek a programnak a második célja az, hogy befolyásolják mindazokat akivel találkoznak és ösztönözzék az embereket a vállalkozásuk segítésében. A látogatók akarják az emberi segítséget és szükségük van erre. Ez minden tekintetben elősegíti a programjukat. Téged értékesnek tartanak. Ugyanakkor nem tartanak magukkal egyenrangúnak vagy egyenlőnek. Téged hasznosnak tartanak. Így, a látogatók mindenkiben akivel találkozni fognak, mindenkiben akit elvisznek, megpróbálják felkelteni az ő felsőbbrendűségük és az ő fontosságuk érzetét és az ő értékük, valamint a világban lévő törekvéseik jelentőségét. Mindenkinek, akivel a látogatók kapcsolatba lépnek azt fogják mondani, hogy jó okból vannak itt és azokat akiket elfognak biztosítani fogják arról, hogy nem kell félni. És azokkal, akik különösebb fogékonyságot mutatnak, megpróbálnak szövetséget létrehozni – a közös céltudatosság érzetét, még a közös identitásnak és családnak, örökségnek és sorsnak az érzetét is.

Ezen programjukban a látogatók nagyon alaposan tanulmányozták az emberi fiziológiát és pszichológiát és ki fogják használni azt, amit az emberek akarnak, különösen azokat a dolgokat, amelyeket az emberek szeretnének, de még nem voltak képesek maguknak megszerezni, mint a béke és a rend, a szépség és a nyugalom. Ezeket fogják felajánlani és lesznek emberek akik el fogják hinni. Másokat egyszerűen szükség szerint használnak fel.

Itt szükséges azt megérteni, hogy a látogatók azt hiszik, hogy a világ megőrzése érdekében ez teljesen helyénvaló. Úgy érzik, hogy ezzel egy nagy szolgálatot tesznek az emberiségnek, ezért teljes szívvel próbálnak meggyőzni. Sajnos ez egy nagy igazságot bizonyít a Nagyobb Közösségről, - hogy az igazi Bölcsesség és a valódi Tudás olyan ritka a világegyetemben, mint ahogy ez a világotokban is látszik. Természetes azt remélned és elvárnod, hogy más fajok túlnőttek az álnokságon, az önző törekvéseken, a versengésen és a konfliktusokon. De sajnos, ez nem így van. A fejlettebb technológia nem növeli az egyének mentális és spirituális erejét.

Sokan vannak ma, akiket az akaratuk ellenére többször is elvisznek. Azért mert az emberiség nagyon babonás és próbálja tagadni azokat a dolgokat amelyeket nem ért, ez a szerencsétlen tevékenység jelentős sikerrel folytatódik. Már most is vannak hibrid egyének, részben ember, részben alien, akik a világodban járnak. Nincsenek túl sokan, de a számuk a jövőben növekedni fog. Talán egy napon te is találkozol eggyel. Úgy fognak kinézni mint te, de mások lesznek. Azt fogod gondolni, hogy emberi lények, de mintha valami lényeges hiányozna belőlük, valami ami a ti világotokon belül értékesnek számít. Lehetséges felismerni és azonosítani ezeket az egyéneket, de ennek megtételéhez a Mentális Környezetben kell jártassá válnod és megtanulnod, hogy mit jelent a Tudás és a Bölcsesség a Nagyobb Közösségben.

Úgy érezzük, hogy ennek a megtanulása rendkívül fontos, mert a mi szemszögünkből mindent látunk ami a világodban történik és a Láthatatlanok tanácsot adnak nekünk olyan dolgokkal kapcsolatban, amelyeket nem láthatunk vagy nem férhetünk hozzá. Megértjük ezeket az eseményeket, mert számtalanszor megtörténtek a Nagyobb Közösségben, ahogy befolyást és meggyőzést alkalmaztak olyan fajokon, melyek vagy túl gyengék vagy túl sebezhetőek ahhoz, hogy hatékonyan reagáljanak.

Reméljük és bízunk benne, hogy azok közül akik esetleg hallják ezt az üzenetet, senki sem fogja ezeket az emberi életbe való beavatkozásokat hasznosnak gondolni. Azok, akik érintettek befolyásolva lesznek, hogy ezeket a találkozásokat, mind saját maguk és mind a világ számára hasznosnak gondolják. Az emberek lelki törekvései, a béke és a harmónia utáni vágy, a család és befogadás meg lesznek szólítva a látogatók által. Ezek a dogok amelyek valami különlegeset képviselnek az emberi családban, a bölcsesség és felkészülés nélkül, nagyszerű sebezhetőségi területnek a jelei. Csak a Tudásban és Bölcsességben erős személyek képesek meglátni a meggyőzések mögötti megtévesztést. Csak ők vannak abban a pozícióban, hogy meglássák az emberi család ellen elkövetett csalást. Csak ők képesek az elméjüket megvédeni a befolyásokkal szemben, ami a Mentális Környezetben van leadva oly sok helyen ma a világon. Csak ők fogják látni és tudni.

A szavaink nem fognak elégnek bizonyulni. A férfiaknak és a nőknek meg kell tanulniuk látni és tudni. Ezt mi csak támogatni tudjuk. A világodba való idejövetelünk összhangban történt a Nagyobb Közösségi Spiritualitás című tanítások bemutatásával és mivel a felkészítés itt van, ezért tudunk mi a bátorítás forrása lenni. Tudjuk, hogy ha a felkészítés nem lenne itt, a figyelmeztetésünk és a bátorításunk nem lenne elegendő és nem lenne sikeres. A Teremtő és a Láthatatlanok fel akarják készíteni az emberiséget a Nagyobb Közösségre. Valójában ez az emberiség legfontosabb szükséglete jelenleg.

Ezért arra bátorítunk, hogy ne hidd el, hogy az emberi lények és gyermekeik és családjuk elrablása bármilyen hasznot is jelent az emberiség számára. Ezt muszály kihangsúlyoznunk. A szabadságod értékes. Az egyéni szabadságod és a fajod szabadsága értékes. Nekünk olyan sokáig tartott visszanyerni a szabadságunkat. Nem akarjuk azt látni, hogy elveszíted a tiédet.

A világban zajló keveredési program folytatódni fog. Az egyetlen útja, hogy ezt meg lehessen állítani, ha az emberek erre a nagyobb tudatosságra és egyfajta belső tartásra tesznek szert. Csak ez fog véget vetni ezeknek a behatásoknak. Csak ez fogja a mögöttük lévő megtévesztést leleplezni. Nehéz elképzelnünk, hogy milyen szörnyű lehet a népetek számára, azoknak a férfiaknak és nőknek és azoknak a csöppségeknek, akik ezen a kezelésen, ezen az átnevelésen, ezen a lecsendesítésen keresztülmennek. A mi értékeink szerint ez iszonyúnak tűnik, de ugyanakkor tudjuk, hogy ezek a dolgok a Nagyobb Közösségben előfordulnak és az emlékezet előtti időkig visszamenőleg előfordultak.

Szavaink talán egyre több és több kérdést fognak generálni. Ez egészséges és természetes, de mi nem tudunk az összes kérdésedre választ adni. Magadnak kell a válaszokhoz vezető eszközöket megtalálni. De ezt nem tudod megtenni a felkészítés nélkül és nem tudod megtenni útbaigazítás nélkül. Ebben az időben az emberiség egésze, mint tudjuk, nem tud különbséget tenni a Nagyobb Közösség demonstrációja és a spirituális megnyilvánulás között. Ez valóban egy bonyolult helyzet, mert a látogatóitok képesek képeket kivetíteni, a Mentális Környezeten keresztül tudnak az emberekhez beszélni és a hangjuk fogadható és kifejezhető az embereken keresztül. Az ilyen fajta befolyást be tudják vetni, mert az emberiségnek még nincs ilyen készsége és tisztánlátása.

Az emberiség nem egységes. Darabokra van esve. Saját magával áll viszályban. Ez rendkívűl sebezhetővé tesz a külső beavatkozásokkal és a manipulációval szemben. A látogatóid megértették, hogy a lelki vágyaitok és hajlamaitok különösen kiszolgáltatottá és különösen jó alannyá tesznek a használatukhoz. Milyen nehéz is igazi tárgyilagosságot nyerni ezekkel a dolgokkal kapcsolatban. Még ott is, ahonnan mi érkeztünk, ez egy nagy kihívás volt. De azoknak, akik szabadok akarnak maradni és önrendelkezést gyakorolni, muszály ezeket a képességeket kifejleszteniük és muszály megóvniuk az erőforrásaikat annak érdekében, hogy ezeket ne kelljen másoktól kérni. Ha a világod az önellátását elveszíti, akkor nagyrészben a szabadságát is elveszíti. Ha a világodon túlra kell menned, hogy megkeresd a megélhetéshez szükséges erőforrásokat, akkor a hatalmad nagyrészét mások számára fogod elveszíteni. Mivel a világod erőforrásai rohamosan csökkennek, ez nekünk, akik a távolból figyelünk, komoly aggodalmat okoz. Ez a látogatóid számára is aggodalomra ad okot, mert ők nem a te számodra, hanem a saját maguk számára szeretnék megállítani a környezeted rombolását.

A keveredési programnak csak egyetlen célja van, ez pedig az, hogy lehetővé tegye a látogatók számára, hogy létrehozzanak egy jelenlétet és egy vezérlő befolyást a világban. Ne gondolod, hogy a látogatóknak hiányzik valami, amire szükségük van tőled az erőforrásaidon kívül. Ne gondold, hogy szükségük van az emberségedre. Az emberségedet csak azért akarják, hogy bebiztosítsák a maguk pozícióját a világban. Ne hízelegj magadnak. Ne próbáld ilyen gondolatokkal kényeztetni magad.

Nincs alapjuk. Ha megtanulod tisztán látni a helyzetet, ahogy az van, eze-
ket a dolgokat magadtól észre fogod venni és tudni fogod. Meg fogod
érteni, hogy mi miért vagyunk itt és az emberiségnek miért van szüksége
szövetségesekre az intelligens élet Nagyobb Közösségében. És meg fogod
látni a nagyobb Tudás és Bölcsesség és a Nagyobb Közösségi Spiritualitás
tanulásának fontosságát.

Mivel olyan környezetbe kerültök, ahol ezek a dolgok létfontossá-
guak a sikerhez, a szabadsághoz, a boldogsághoz és az erőhöz, nagyobb
Tudásra és Bölcsességre lesz szükségetek ahhoz, hogy független fajként
tudjatok meghonosodni a Nagyobb Közösségben. Függetlenséged azon-
ban napról-napra elveszik. És lehet, hogy nem látod a szabadságod
elvesztését, de talán valamilyen módon érzed. Hogy is láthatnád? Nem
tudsz a világodból kimenni, hogy a körülötted zajló események tanúja
légy. Nincs hozzáférésed a világban ma működő alien erők politikai és
kereskedelmi bonyolultságához, hogy megértsd az összetettségüket, az
etikájukat és az értékeiket.

Soha ne gondold, hogy az univerzumban bármely faj, amely keres-
kedelemi céllal utazik, spirituálisan fejlett. Azok, akik a kereskedelmet
keresik, előnyt keresnek. Azok, akik világról világra utaznak, akik erő-
forráskutatók, akik a saját zászlóikat akarják kitűzni, nem azok, akiket
spirituálisan fejletnek tartanál. Mi nem tartjuk őket spirituálisan fejlett-
nek. Van világi hatalom, és van spirituális hatalom. Ezek között a dolgok
közötti különbséget meg tudod érteni, és most ezt a különséget egy na-
gyobb környezetben kell meglátni.

Ezért mi az elkötelezetség érzésével és erős ösztönzéssel jövünk a sza-
badságod fenntartása érdekében, hogy erőssé és éleselméjűvé válj és ne
add be magad a béke, a hatalom és a befogadás meggyőzésének vagy
ígéretének azoktól, akiket nem ismersz. És ne hagyd magad azzal a gon-

dolattal vígasztalni, hogy minden jóra fordul majd az emberiség számára és számodra is, mert ez nem bölcsesség. Mert a bölcseknek bármely helyen meg kell tanulni meglátni a körülöttük lévő élet valóságát és megtanulni ezzel az élettel előnyös módon egyességet kötni.

Ezért fogadd el a bátorításunkat. Ezekről a dolgokról még fogunk beszélni és szemléltetni fogjuk a megkülönböztetés és a diszkréció megszerzésének fontosságát. És többet fogunk beszélni a látogatóidnak a világban való részvételéről olyan területeken, amit nagyon fontos számodra megérteni. Reméljük, hogy a szavainkat be tudod fogadni.

A Nagy Figyelmeztetés

Alig várjuk, hogy a világoddal kapcsolatos ügyekről többet beszélhessünk és ha lehetséges segítsünk neked meglátni azt, amit a mi szemszögünkből látunk. Tisztában vagyunk vele, hogy ezt nehéz befogadni és aggodalmat és komoly szorongást fog okozni, de muszály, hogy tájékoztatva légy.

A mi szempontunkból a helyzet nagyon súlyos és úgy gondoljuk, hogy óriási szerencsétlenség lenne, ha az emberek nem lennének megfelelően tájékoztatva. A világban ahol élsz és sok más világban is olyan sok a megtévesztés, hogy az igazság, még ha egyértelmű és nyilvánvaló is, felismerés nélküli és annak jelei és az üzenetei észrevétlenek maradnak. Ezért mi azt reméljük, hogy a jelenlétünk segíthet a képet kitisztítani és segíthet neked és másoknak meglátni mi is van ott valójában. A mi felfogásunkban nincsenek ilyen kompromisszumok, mert minket azért küldtek, hogy tanúi legyünk azoknak a dolgoknak melyeket itt körülírunk.

Talán idővel te is képes lennél ezeket a dolgokat magadtól tudni, de nem áll ennyi idő a rendelkezésedre. Az idő most rövid. Az emberiség felkészülése a Nagyobb Közösségből érkező erők megjelenésére a tervezettől messze le van maradva. Nagyon sok fontos ember nem reagált. És a világba való behatolás sokkal nagyobb ütemben felgyorsult, mint azt eredetileg lehetségesnek gondolták.

Csak rövid idő áll a rendelkezésünkre és mégis bátorítással érkeztünk, hogy ezt az információt megosszátok. Ahogy a korábbi üzeneteinkben már jeleztük, beszivárgás történik a világban és a Mentális Környezet kezelés és felkészítés alatt áll. A szándék nem az emberek kiirtása, hanem a foglalkoztatásuk, hogy a nagyobb „kollektíva" dolgozóivá váljanak. A világ intézményeit és minden bizonnyal a természetes környezetet értékelik és ez a látogatók preferenciája, hogy ezek az ő használatukra meg legyenek őrízve. Ők nem tudnak itt élni, így a hűséged megszerzése érdekében, sok olyan technikát alkalmaznak, amit körülírtunk. A körülírásainkban továbbra is folytatjuk ezeknek a dolgoknak a tisztázását.

Az érkezésünket több tényező is hátráltatta, nem utolsósorban azoknak a felkészületlensége, akiket nekünk közvetlenül el kell érnünk. Szónokunk, ennek a könyvnek az írója az egyetlen, akivel sikerült egy szilárd kapcsolatot létrehoznunk. Vannak még egy páran akik ígéretet mutatnak, de az alapvető információt a szónókunknak kell, hogy átadjuk.

A látogatóitok szemszögéből, ahogy megtudtuk, az Egyesült Államokat tartják a világ vezetőjének, így a legnagyobb hangsúlyt ide fogják helyezni. De más nagy nemzetekkel is fel fogják venni a kapcsolatot, mert felismerik, hogy hatalommal bírnak és a hatalmat meg tudják érteni a látogatók, mert ők kérdés nélkül követik a hatalom parancsait és sokkal nagyobb mértékben, mint ahogy az a világotokban nyilvánvaló.

A legerősebb nemzetek vezetőit megkísérlik rávenni arra, hogy a látogatók jelenlétét illetően legyenek befogadóak és a kölcsönös előny ígéretével és még egyeseknek a világuralom ígéretével is, az

A NAGY FIGYELMEZTETÉS   35

eggyüttműködésért fogadjanak el ajándékokat és megerősítéseket. A világ hatalmi folyosóin lesznek olyanok, akik reagálni fognak ezekre az ösztönzésekre, mert azt fogják gondolni, hogy ez egy nagyszerű lehetőség hogy az emberiséget a nukleáris háború kapujából egy új közösségbe vezesse a földön, olyan közösségbe, melyeket a saját céljaikkal fognak vezetni. Ezeket a vezetőket mégis becsapták, mert nem fogják megkapni a kulcsokat ehhez a birodalomhoz. Ők csak egyszerűen döntéshozók lesznek egy átmeneti hatalomban.

Ezt meg kell értened. Nem olyan bonyolult. A mi szemszögünkből és nézőszögünkből ez nyilvánvaló. Láttuk ezt máshol is megtörténni. Ez az egyik módja annak, hogy a saját kollektívával rendelkező fajok megalapított szervezetei, betoborozzák a kialakulóban lévő világokat, mint amilyen a tiéd is. Határozottan azt hiszik, hogy tervük erényes és a világ jobbátételéért történik, az emberiséget nem tartják nagy tiszteletben és bár bizonyos szempontból erényes vagy, az ő meglátásukból a felelősségeid messzemenően felülmúlják a képességedet. Nekünk nem ez a meglátásunk, különben nem lennénk ebben a pozícióban és nem kínálnánk fel a szolgálatainkat, mint az Emberiség Szövetségesei.

Tehát ez egy nagy kihívást, egy nagy nehézséget jelent a megítélési képesség területén. A kihívás az emberiség számára az, hogy megértse kik is a valódi szövetségesei és meg tudja őket különböztetni a potenciális ellenfelektől. Ezen a területen nincsenek semleges felek. A világ túl értékes, erőforrásai egyedinek és jelentős értéknek számítanak. Azok között, akik emberi ügyekben vesznek részt, nincsenek semleges felek. Az idegen Beavatkozás valódi természete, hogy befolyásoljon és irányítson és végezetül dominanciát alakítson itt ki.

Mi nem a látogatók vagyunk. Mi megfigyelők vagyunk. Nem jogosítjuk fel magunkat a világodhoz és nem tervezzük itt megalapítani magunkat. Emiatt a nevünk rejtett, mert mi azon túl, hogy ily módon tanáccsal szolgálunk számodra, nem próbálunk kapcsolatot folytatni veled. Az eredményt nem tudjuk befolyásolni. Mi csak azokban a választásokban és döntésekben tudunk tanácsot adni, amelyeket ezen nagyobb események fényében, nektek embereknek meg kell hoznotok.

Az emberiség nagy ígérettel rendelkezik és gazdag szellemi örökséget alakított ki, de a Nagyobb Közösség tekintetében, amelybe beleolvadóba vagytok, oktatás nélküli. Az emberiség magában megosztott és vitás, így sebezhetővé válik a világon túlról érkező manipulációnak és behatolásnak. A népeiteket a napi gondok foglalkoztatják, de a holnap valósága nincs figyelembe véve. Milyen hasznot is tudnál abból húzni, hogy figyelmen kívül hagyod a világ nagyobb mozgását és azt feltételezed hogy a jelenleg végbemenő Beavatkozás a te érdekedben történik? Ha látnád a helyzet valóságát, bizonyára egy sem lenne köztetek, aki ezt mondhatná.

Bizonyos értelemben ez nézőpont kérdése. Mi látjuk és ti nem, mert nektek nincs meg ez a rálátásotok. A világodon kívül kellene lenned, a világ befolyásának körén kívül, hogy lásd, amit mi látunk. És mégis, ahhoz hogy lássuk, amit látunk, elrejtőzve kell maradnunk, mert ha felfedeznek minket, minden bizonnyal elpusztulnánk. Mert a látogatóitok az itteni küldetésüket a legnagyobb értéknek tartják és a Földet a sok másik mellett a legnagyobb lehetőségnek vélik. Miattunk nem fognak leállni. Tehát a saját szabadságod az, amit értékelned kell és meg kell védened. Ezt mi nem tudjuk helyetted megtenni.

Minden világnak, ha saját egységét, szabadságát és önrendelkezését kívánja megteremteni a Nagyobb Közösségben, muszály ezt a szabadságot létrehoznia és ha szükséges megvédenie. Ellenkező esetben a dominancia minden bizonnyal be fog következni és teljes lesz.

Miért akarják a látogatóitok a világodat? Ez annyira nyilvánvaló. Különösebben nem te érdekled őket. A világod biológiai erőforrásai. Ennek a naprendszernek a stratégiai helyzete. Csak addig vagy hasznos számukra, amennyiben ezeket a dolgokat értékelik és hasznosítani tudják. Azt fogják felajánlani, amit akarsz és azt fogják mondani, amit hallani szeretnél. Ingereket fognak előidézni és a vallásodat és a vallási eszméidet fogják felhasználni, hogy elősegítsék a bizalmad és magabiztosságodat azzal kapcsolatban, hogy ők nálad jobban megértik a világod szükségleteit és ezeket a szükségleteket jobban képesek lesznek szolgálni, hogy egy nagyszerűbb nyugalmat hozzanak itt létre. Mivel az emberiség úgy tűnik képtelen az egység és a rend megteremtésére, sok ember meg fogja nyitni a szívét és elméjét azok felé, akikről azt gondolják, hogy erre nagyobb lehetőségük lesz.

A második elbeszélésünkben röviden megemlítettük a keveredési programot. Néhányan hallottak már erről a jelenségről, és úgy tudjuk, hogy már volt némi vita erről. A Láthatatlanok azt mondták nekünk, hogy egyre nagyobb a tudatosság az ilyen program létezését illetően, de hihetetlenül az emberek nem vonják le a nyilvánvaló következtetést, mivel megvannak az üggyel kapcsolatos elvárásaik és annyira rosszul vannak felszerelve, hogy megbírkózzanak azzal, mit jelenthet egy ilyen Beavatkozást. Nyilvánvaló, hogy egy keveredési program egy kísérlet arra, hogy az emberiség fizikai világhoz való alkalmazkodását egybeolvasztja a látogatók csoportos elméjével és kollektív tudatával. Az ilyen utódok tökéletes helyzetben lennének, hogy az emberiséget egy új vezetőséggel lássák el, egy olyan vezetőséggel, amely a látogatók szándékából és a látogatók kampányából születik. Ezek az egyének vérrokonságban lennének a világgal és így mások rokonságban lennének velük és elfogadnák jelenlétüket. És mégis szívük és elméjük nem veled lenne.

És mégha szinpátiát is éreznek az állapotodat illetően és azt az állapotot illetően, ami nagyon is megtörténhet, nem lesz meg a személyes hatalmuk, mert nem lettek a Tudás és az Intuició Útján képezve, hogy neked segítsenek vagy ellenálljanak a kollektív tudatnak, ami ápolta őket és életet adott nekik.

Látod, az egyéni szabadságot nem értékelik a látogatók. Meggondolatlannak és felelőtlennek vélik. Csak a saját kollektív tudatukat tudják megérteni, amit egy kiváltságnak és áldásnak tekintenek. És mégis az igazi spiritualitáshoz, amit a világegyetemben Tudásnak hívnak mégsem tudnak hozzáférni, mert a Tudás az egyén önfelfedezéséből születik és nagyobb kaliberű kapcsolatokon keresztül nyilvánul meg. E jelenségek egyike sincs meg a látogatók társadalmi felépítésében. Nem tudnak önállóan gondolkodni. Akaratuk nem egyedül az övéké. És így természetesen nem tudják tiszteletben tartani a világodon belül e két nagy jelenség kiépítésének az esélyét és ők minden bizonnyal nincsenek abban a helyzetben, hogy az ilyen dolgokat elősegítsék. Csak az alkalmazkodást és a hűséget keresik. És a spirituális tanításokat amelyeket terjeszteni fognak a világban, csak arra fognak szolgálni, hogy engedelmessé, nyiltottá és gyanútlanná tegyék az embereket, hogy elnyerjék a soha ki nem érdemelt bizalmat.

Más helyeken is láttunk már ilyen dolgokat. Láttunk egész világokat irányítás alá esni azt ilyen kollektíváktól. A világegyetemben sok ilyen kollektíva létezik. Mivel az ilyen kollektívák bolygóközi kereskedelmet folytatnak és hatalmas régióra terjednek ki, szigorú konformításhoz ragaszkodnak, eltérés nélkül. Nincs közöttük egyéniség, legalábbis nem olyan módon, hogy azt fel tudnád ismerni.

Nem vagyunk benne biztosak, hogy a saját világodból példát tudunk-e adni erre, hogy milyen is lehet ez, de nekünk az lett mondva, hogy vannak olyan kultúrákat áthidaló kereskedelmi érdekek a világban, melyek hatalmas erőket kezelnek, de mégis csak néhányan szabályozzák. Talán ez egy jó hasonlat arra, amit körülírunk. Ugyanakkor, amit körülírunk sokkal erősebb és áthatóbb és jobban megalapozottabb, mint bármi, amit a világból jó példaként fel tudnál hozni.

Az intelligens életről mindenhol igaz, hogy a félelem pusztító erő tud lenni. Mégis a félelem egy és csakis egy célt szolgál, ha az helyesen van érzékelve és ez az, hogy a veszély jelenlétéről tájékoztasson. Mi aggódunk és ez a félelmünk természete. Megértjük, mi van veszélyben. Ez az aggódalmunk mivolta. A te félelmed abból született, hogy nem tudod mi történik, ezért ez egy romboló félelem. Ez a félelem nem tud megerősíteni vagy megadni neked azt a meglátást, mely szükséges annak a megértéséhez, hogy mi történik a világodban.

Ha tájékoztatva vagy, akkor a félelem átalakul aggodalommá és az aggodalom átalakul építő cselekvéssé. Mi nem ismerünk más módot ennek a körülírására.

A keveredési program egyre sikeresebbé válik. Már vannak olyanok, akik a Földet járják, akik a látogatók tudatosságával és a kollektív törekvéséből születtek. Nem tudnak huzamosabb ideig itt tartózkodni, de egy pár éven belül képesek lesznek rá, hogy véglegesen a világod felszínén lakjanak. Olyan tökéletes lesz a géntechnológiájuk, hogy csak kis mértékben fognak különbözni tőled, inkább a viselkedésükben és a jelenlétükben, mint a fizikai megjelenésükben, olyannyira, hogy valószínűleg nem fogják felismerni és észrevenni őket. Azonban nagyobb mentális képességekkel fognak rendelkezni. És ez egy olyan előnyt ad nekik, amivel te nem tudsz lépést tartani, hacsak nem az Intuíció Útján képeztek ki.

Ilyen az a nagyobb valóság, amibe az emberiség beleolvad – egy világegyetem, ami tele van csodákkal és borzalmakkal, egy befolyásoló világegyetem, egy versenyző világegyetem, de ugyanakkor egy világegyetem, ami tele van Kegyelemmel, úgy mint a saját világodban, de végtelenül nagyobb. A Mennyország, amit keresel, nem itt van. Azonban az erők, amivel meg kell küzdened itt vannak. Ez a legnagyobb átlépendő küszöb, amivel a fajod valaha is szembesülhet. A csoportunkból mindannyiunknak szembe kellett néznie ezzel a saját világunkban és sok kudarc volt, csak némi sikerrel. Azon fajok lényeinek, akik megtudják tartani a szabadságukat és az elszigeteltségüket, erőssé és egyesültté kell válniuk és valószínűleg nagymértékben visszavonulnak a Nagyobb Közösség interakcióiból annak érdekében, hogy megvédjék ezt a szabadságot.

Ha ezeken a dolgokon elgondolkozol, talán látni fogsz hasonló természetű dolgokat a saját világodban. A Láthatatlanok sokat elmondtak a spirituális fejlődésedről és annak nagyszerű ígéretéről, de arról is beszámoltak nekünk, hogy a spirituális fogékonyságod és az eszméid ezekben az időkben nagy mértékben manipulálva vannak. Most egész tanítások vannak bemutatva a világba, melyek az emberi belenyugvást és a kritikus képességek felfüggesztését tanítják és csak azt értékeld, ami kellemes és kényelmes. Ezeket a tanításokat azért adják, hogy megbénítsák az emberek képességeit, hogy hozzáférjenek a Tudáshoz önmagukban, amíg az emberek el nem érik azt a pontot, mikor úgy érzik, hogy teljesen egy nagyobb erőtől függenek, amit nem tudnak beazonosítani. Ezen a ponton már bármit követnek, ami megadott számukra és mégha úgy is érezik, hogy valami nem stimmel, többé már nem lesz meg az erejük az ellenálláshoz.

Az emberiség hosszú ideig elszigeteltségben élt. Talán azt gondoljátok, hogy nem lehetséges, hogy egy ilyen Beavatkozásra sor kerüljön és minden egyes ember tulajdonosi joggal rendelkezik a tudatossága és elméje felett. De ezek csak feltételezések. Ugyanakkor nekünk az lett mondva, hogy a világodban lévő Bölcsek megtanulták leküzdeni ezeket a feltételezéseket és erőt nyertek a saját Mentális Környezetük kialakításához.

Attól tartunk, hogy szavunk talán túl későn érkezik és túl csekély a hatása és az akit az átvételére kiválasztottunk, túl kevés segítséget és támogatást kap, hogy ezt az információt hozzáférhetővé tegye. Hitetlenségel és gúnnyal fog találkozni és nem fognak hinni neki és amiről beszél ellent fog mondani annak, amit sokan igaznak feltételeznek. Azok, akik alien befolyás alá estek, különösen ellenezni fogják, mert nincs választásuk ebben a kérdésben.

Ebben a nehéz helyzetben a minden élet Teremtője egy felkészülést küldött, a spirituális képességek és a tisztánlátás, az erő és a teljesítmény tanítását. Mi egy ilyen tanítás tanulói vagyunk, mint sokan mások is a világegyetemen keresztül. Ez a tanítás az Isteni beavatkozás egy formája. Nem tartozik egyetlen világhoz sem. Nem tartozik egyetlen faj tulajdonába sem. Nincs egyetlen hős vagy hősnő köré, vagy egy személy köré összpontosulva. Ez a felkészítés már rendelkezésre áll. Szükség lesz rá. A mi szempontunkból jelenleg ez az egyetlen dolog, ami lehetőséget adhat az emberiségnek, hogy bölcsé és tisztánlátóvá váljon a Nagyobb Közösségben lévő új életét illetően.

Ahogy ez a saját világod történelmében is megtörtént, elsőként a felfedezők és a hódítók érik el az új földeket. Nem önzetlen okok miatt jöttek. Hatalmat, erőforrást és dominanciát jöttek keresni. Ez az élet természete. Ha az emberiség jártas lenne a Nagyobb Közösség ügyeiben, akkor a világodban tett minden látogatásnak ellenállna, hacsak nem kötöttetek korábban kölcsönös megállapodást. Eleget tudnál ahhoz, hogy ne engedd, hogy a világod ilyen sebezhető legyen.

Ebben az időben, több mint egy kollektíva verseng itt az előny-szerzésért. Ez az emberiséget egy nagyon szokatlan és mégis megvilágosító körülmények közepébe helyezi. Ez az, amiért a látogatók üzenetei gyakran nem tűnnek egységesnek. Volt már konfliktus közöttük, de tárgyalni fognak egymással, ha a kölcsönös előnyöket felismerik. Viszont, továbbra is versenyben vannak. Számukra ez a határ. Számukra csak akkor vagy értékes, ha hasznos vagy. Ha már nem ismernek el hasznosnak, akkor csak egyszerűen el leszel dobva.

Ez itt egy nagy kihívást jelent a világodban lévő emberek számára és különösen azok számára, akik hatalmi és felelős pozíciókban vannak, hogy észrevegyék a különbséget a spirituális jelenlét és a Nagyobb Közösségből érkező látogatás között. Megis hogyan is lenne meg a kereted arra, hogy kölönbséget tegyél? Hol tanulhatsz ilyen dolgokat? A világban ki van abban a pozícióban, hogy a Nagyobb Közösség valóságáról tanítson? Csak egy világon túli tanítás tud felkészíteni téged a világon túl lévő életre és a világon túl lévő élet most a világodban van, megpróbálnak itt letelepedni, igyekeznek kiterjeszteni a befolyásukat, és megpróbálják mindenütt megnyerni az emberek elméjét, szívét és lelkét. Ez annyira egyszerű. És mégis annyira pusztító.

Ezért a mi feledatunk ezekben az üzenetekben, hogy elhozzuk a nagy figyelmeztetést, de a figyelmeztetés nem elég. Kell, hogy legyen egy felismerés az emberek között. Legalább elég embernek meg kell értenie azt a valóságot, amivel most szembesülsz. Ez a legnagyobb esemény az emberség történelmében – az emberi szabadság legnagyobb veszélye és a legnagyobb lehetőség az emberi egységre és együttműködésre. Mi felismerjük ezeket a nagy előnyöket és lehetőségeket, de minden egyes múló nappal az ígéretük halványodik – ahogy egyre több embert ragadnak el és a tudatosságukat átművelik és átalakítják, ahogy egyre több ember tanul olyan spirituális tanításokról, amelyeket a látogatók hírdetnek és egyre több ember válik mégjobban engedékenyebbé és kevésbé képes a felismerésre.

Mi a Láthatatlanok kérésére jöttünk, hogy ebben a minőségben megfigyelőként szolgáljunk. Ha sikererrel tudunk járni, akkor továbbra is a világod közelében fogunk maradni csak annyi ideig, hogy folytatni tudjuk ezt az információ átadást. Ezen túlmenően vissza fogunk térni saját otthonunkba. Ha kudarcot vallunk és a dagály az emberiség ellen fordul és ha a nagy sötétség a világra ereszkedik, a sötétség dominanciája, akkor nekünk el kell mennünk a küldetésünk beteljesítése nélkül. Akárhogy is, nem tudunk veled maradni, de ha ígéretet mutatsz mi maradunk, amíg biztonságban vagy, amíg tudsz magadról gondoskodni. Ebbe beletartozik annak a követelménye, hogy önellátó légy. Ha a kereskedelemben más fajoktól válsz függővé, ez a manipulációnak egy nagyon nagy veszélyét hozza létre, mert az emberiség még nem elég erős ahhoz, hogy ellenálljon a Mentális Környezetben lévő erőknek, amit itt ki tudnak fejteni és amit itt most gyakorolnak is.

A látogatók megpróbálják majd azt a benyomást kelteni, hogy ők az „emberiség szövetségesei". Azt fogják mondani, hogy azért vannak itt, hogy megmentsék az emberiséget önmagától, hogy csak ők tudják ez a nagy reményt felajánlani, amit az emberiség nem tud önmagának megadni, hogy csak ők tudnak igazi rendet és harmóniát alapítani a világban. De ez a harmónia és ez a rend az övék lesz, nem a tiéd. És a szabadságot, amit ígérnek, nem te fogod élvezni.

A Vallási Hagyományok és Hitek Manipulálása

A nnak érdekében, hogy megértsük a látogatók tevékenységét a jelenlegi világban, több információt kell bemutatnunk a világ vallási intézményeire és értékeire gyakorolt hatásukról, valamint azokról az alapvető spirituális impulzusokról, amelyek a természetedben általánosak és amelyek a Nagyobb Közösségben lévő intelligen élet számos területén sok tekintetben megegyezőek.

Kezdhetnénk talán annak a kijelentésével, hogy azokat a tevékenységeket, amelyeket a látogatók ma a világban folytatnak, a Nagyobb Közösségben már sokszor, sok különböző helyen, sok különböző kultúrával megtették. A látogatóitok nem a létrehozói ezeknek a tevékenységeknek, hanem csak saját belátásuk szerint használják ezeket és már korábban is alkalmazták őket.

Fontos azt megértened, hogy a Nagyobb Közösségben a befolyás és a manipuláció képessége nagyon magas funkcionálási fokra lett kidolgozva. Ahogy a fajok egyre ügyesebbé és technológiailag jobban fejlettebbé válnak, egyre finomabb és áthatóbb befolyásolási fajtát alkalmaznak egymáson. Az emberek még csak odáig fejlődtek, hogy egymással versenyeznek, így neked ez az alkalmazkodási előnyöd még nincs meg. Ez önmagában is az egyik ok, amiért ez az anyag számodra bemutatásra kerül. Teljesen új körülmények közé lépsz, ami megköveteli a benned rejlő természetes képességek kiművelését, valamint az új készségek elsajátítását.

Bár az emberiség egy egyedülálló helyzetet képvisel, a Nagyobb Közösségbe való olvadás számtalanszor megtörtént már más fajokkal. Ezért, amit ellenetek elkövetnek, már korábban megtették. Magas szintre van kidolgozva és most az életedhez és a helyzetedhez van alakítva, úgy érezzük, hogy viszonylag könnyedén.

Ezt részben a Lecsendesítő Program teszi lehetővé, amely a látogatók által van végrehajtva. A békés kapcsolatok iránti vágy és a háború és konfliktusok elkerülésének vágya csodálatra méltó, de ezeket fel tudják és fel is vannak használva ellened. Még a legnemesebb impulzusaidat is fel lehet más célokra használni. Ezt a saját történelmedben, a saját természetedben és a saját társadalmaidban már láttad. Békét csak a bölcsesség, az együttműködés és a valódi képesség szilárd alapjain lehet létrehozni.

Az emberiség természetes módon is érintett a békés kapcsolatok kialakításában a saját törzsei és nemzetei között. Most azonban egy nagyobb sor problémával és megpróbáltatással áll szemben. Mi erre fejlődési lehetőségként tekintünk, mert csak is a Nagyobb Közösségbe való belépés próbatétele az, ami egyesíteni fogja a világot és megadja azt az alapot, hogy ez az egység valódi, erős és hatékony legyen.

Tehát mi nem azért jöttünk, hogy a vállási intézményeidet és a legalapvetőbb impulzusaidat és értékeidet kritizáljuk, hanem hogy bemutassuk, hogyan vannak ezek ellened használva azon fajok által, akik a világodba beavatkoznak. És, ha tehetjük, mi a tehetségeid és a teljesítményeid megfelelő alkalmazására szeretnénk bátorítani, a világod, a faji szabadságod és sértetlenséged megőrzése érdekében egy Nagyobb Közösségen belüli kontextusban.

A látogatók alapvetően gyakorlati módon közelítenek. Ez egyrészt erősség és gyengeség is. Ahogy megfigyeltük őket, itt és máshol is, azt látjuk, hogy számukra nagyon nehéz elvonatkoztatni a terveiktől. A változásokhoz nem jól alkalmazkodnak és nem is tudják túl hatékonyan kezelni az összetettséget. Ezért tervüket szinte gondatlan módon hajtják végre, mert úgy érzik jogukban áll és előnyben vannak. Nem hiszik, hogy az emberiség nagy ellenállást fog velük szemben kifejteni– legalábbis nem olyan ellenállást, ami nagyobb kihatással lenne rájuk. És úgy érzik, hogy a titkaik és a tervük jól őrzöttek és meghaladják az emberi megértést.

Ebben a fényben a mi tevékenysékünk, hogy ezt az anyagot bemutatjuk neked, minket ellenségeikké tesz, természetesen az ő meglátásuk szerint. A mi meglátásunk szerint, mi csupán megpróbáljuk ellensúlyozni a befolyásukat és megadni a számodra szükséges megértést és perspektívát, amire támaszkodnod kell, hogy megőrizd a faji szabadságodat és hogy a Nagyobb Közösség valóságát kezelni tudjad.

Szemléletmódjuk gyakorlatiasságából adódóan a terveiket szeretnék a legnagyobb hatékonysággal megvalósítani. Szertnék az emberiséget egyesíteni, de csak a világban való részvételükkel és tevékenységükkel összhangban. Számukra az emberi egység egy gyakorlati probléma. Nem értékelik a kultúrák sokszínűségét, bizonyára a saját kultúrájukban sem értékelik. Ezért, bárhol ahol kifejtik a befolyásukat, ha lehetséges ezt megpróbálják felszámolni vagy minimálisra csökkenteni.

Előző előadásunkban beszéltünk a látogatók hatásáról a spiritualitás új formáira – az emberi istenség és az emberi természet új eszméire és új megnyilvánulásaira, amelyek jelenleg jelen vannak a világotokban. Mostani beszélgetésünkben azokra a hagyományos értékekre és intézményekre szeretnénk összpontosítani, amelyeket látogatóid befolyásolni szeretnének és amelyekre ma is hatással vannak.

Az egységesség és összhang előmozdítása érdekében, a látogatók azokra az intézményekre és értékekre fognak támaszkodni, amelyeket az ő használatukra a legstabilabbnak és legpraktikusabbnak éreznek. Nem érdeklik őket az ötleteid és nem érdeklik őket az értékeid, kivéve ha ezek a dolgok előremozdíthatják a tervüket. Ne engedd magad azzal a gondolattal megtéveszteni, hogy a spiritualitásod vonzza ide őket, mert ők maguk az ilyenfajta dolgoknak hiányában vannak. Ez egy bolond és talán végzetes hiba lenne. Ne gondold azt, hogy el vannak ragadtatva az életedtől és azoktól a dolgoktól, amit te érdekesnek találsz. Csak ritka esetekben leszel képes ilyen módon befolyásolni őket. Minden természetes kíváncsiságot már kitenyésztettek belőlük és nagyon kevés maradt. Nagyon kevés van abból, amit te „Léleknek" vagy amit mi „Varne" vagy „Intuíció Útjának" neveznénk. Irányítva vannak és írányítanak és olyan gondolati és viselkedési mintákat követnek, amelyek szilárdan megalapozottak és szigorúan meg vannak erősítve. Úgy tűnhet, mintha együtt éreznének az eszméiddel, de ezt csak a hűséged megnyerése érdekében teszik.

A világod hagyományos vallási intézményeiben, megpróbálják azokat az értékeket és alapvető hiedelmeket kihasználni, amelyek a jövőbeli hűséged elérésében szolgálni tudják őket. Hadd adjunk néhány példát, ami mind a saját megfigyeléseinkből és a Láthatatlanoktól az idő folyamán nekünk adott bepillantásból született.

A világotokban sokan követik a Keresztény hitet. Mi ezt csodálatra méltónak tartjuk, de természetesen nem ez az egyetlen megközelítés a spirituális identitás és az életcél alapvető kérdéséihez. A látogatók az egyetlen vezető iránti hűség alapvető elméletét fogják felhasználni, hogy hűséget generáljanak az ügyükhöz. Ezen vallás keretein belül a Jézus Krisztussal való azonosulást fogják nagymértékben felhasználni. A világba való visszatérésének reménye és ígérete, tökéletes lehetőséget kínál a látogatóidnak, különösen az ezredforduló ezen fordulópontján.

A mi megértésünk, hogy az igazi Jézus nem fog a világba visszaterni, mert a Láthatatlanokkal dolgozik együtt és szolgálja az emberiséget és más fajokat is. Az, aki a nevére hivatkozva jönni fog, a Nagyobb Közösségből fog érkezni. Ő lesz az egyik, aki erre a célra lett szülve és tenyésztve a világban ma jelenlévő kollektívák által. Embernek fog tűnni és jelentős képességekkel fog bírni, ahhoz képest, amit te jelen pillanatban el tudsz érni. Teljesen önzetlennek fog tűnni. Képes lesz olyan cselekedeteket végrehajtani, amelyek vagy félelmet vagy hódolatott fognak kiváltani. Képes lesz angyalok, démonok és bármi másnak a képét kivetíteni, aminek a felettesei szeretnének téged kitenni. Úgy fog tűnni, hogy spirituális erővel bír. De mégis a Nagyobb Közösségből fog jönni és a kollektíva része lesz. És hűséget fog kelteni, hogy kövessék őt. Végül azoknak, akik nem tudják követni őt, ösztönözni fogja az elidegenítésüket vagy elpusztításukat.

A látogatókat nem érdekli, hogy hány embered pusztul el, amíg a többség között elsődleges hűségük van.

Ezért, a látogatók azokra az alapvető eszmékre fognak összpontosítani, ami ezt a tekintélyt és befolyást számukra megadja.

Úgyhogy, a Második Eljövetel, a látogatók által előkészítésben van. Ennek bizonyítéka, mint tudjuk, már a világban van. A látogatók jelenlétét vagy a valóság természetét a Nagyobb Közösségben az emberek nem ismerik fel, ezért természetesen kérdés nélkül elfogadják korábbi hiedelmeiket, érezve, hogy eljött az idő Megváltójuk és Tanítójuk nagy visszatérésének. De aki jönni fog nem a Mennyei Seregből fog jönni, nem a Tudást vagy a Láthatatlanokat fogja képviselni, és nem a Teremtőt vagy a Teremtő akaratát fogja képviselni. A világban láttuk ezt a tervet megformálodni. És láttunk már hasonló terveket kivitelezni más világokban is.

Más vallási hagyományokban a látogatók az egyformaságot fogják ösztönzni – amit a múltra alapozott egyfajta alapvető vallásnak hívhatnál, ami a hatalom felé való hűségen és az intézményhez való alkalmazáson alapul. Ez a látogatókat szolgálja. A vallási hagyományaid értékei és ideológiái nem érdekli őket, csak ezeknek a használhatósága. Minél több ember tud hasonlóan gondolkodni és cselekedni és kiszámítható módon reagálni, annál hasznosabbak a kollectívák számára. Ez a hasonlóság sok különböző hagyományban van támogatva. Itt nem az a szándék, hogy mindenki ugyanolyan legyen, de önmagukon belül egyszerűek legyenek.

A világnak az egyik részén, egy bizonyos vallási ideológia fog érvényesülni, egy másik részén a világnak egy különböző vallási ideológia fog érvényesülni. A látogatók számára ez teljesen hasznos, mert nem érdekli őket az, hogy egynél több vallás van, addíg amíg rend, összhang és hűség van. Mivel nincs saját vallásuk, amit esetleg követhetnél vagy amivel azonosulni tudnál, a tiédet fogják felhasználni saját értékeik megteremtésére. Mert csak a saját ügyük és kollektívájuk iránti teljes hűséget értékelik és a teljes hűséggel való részvételedet keresik, olyan módon, ahogy azt ők előírják. Biztosítani fognak arról, hogy ez békét és megváltást fog teremteni a világban és a legnagyobb értéket képviselő vallási személyiség vagy képmás visszatérését a legnagyobb értéknek tartják itt.

Ez nem azt jelenti, hogy az alapvető vallás alien erők irányítják, mert megértjük, hogy az alapvető vallás jól megalapított a világodban. Amit itt mondunk az, hogy ezek az impulzusok és ezeknek a mechanizmusai a látogatók által támogatva lesznek és a saját céljaikra lesznek felhasználva. Ezért a saját hagyományaikon belül minden igaz hívőnek nagy figyelmet kell fordítania ezen hatások felismerésére és ha lehetséges ellensúlyozni ezt. Itt a látogatók nem az átlag embert próbálják meggyőzni a világban, hanem a vezetőséget.

A látogatók szilárdan hisznek abban, hogy ha ők nem avatkoznak be időben, az emberiség el fogja pusztítani önmagát és a világot. Ez nem az igazságon alapul, csak feltételezés. Bár az emberiséget az önmegsemmisítés veszélye fenyegeti, de a sorsod nem feltétlenül ez. De a kollektívák úgy hiszik, hogy ez így van és így gyorsan kell cselekedniük és a meggyőzési programjukra nagy hangsúlyt kell fektetniük. Azokat, akiket meg tudnak győzni hasznosnak értékelnek, akiket nem lehet meggyőzni, azokat elvetik és elidegenítik. Ha a látogatók elég erőre tennének szert, hogy teljes uralmat szerezzenek a világ felett, azok akik nem tudnak alkalmazkodni egyszerűen ki lesznek selejtezve. De a pusztítást nem a látogatók fogják elvégezni. Ez pontosan azon egyének által lesz a világban kidolgozva, akik teljesen a meggyőzésük alá estek.

Ez egy szörnyű forgatókönyv, mi megértjük, de ebben nem lehet zavarodottság, ha meg akarod érteni és megkapni azt, amit számodra az üzeneteinkben kifejezünk. Nem az emberiség megsemmisítését, hanem az emberiség integrációját szeretnék a látogatók megvalósítani. Ezért a célért fognak veled kereszteződni. Ezért a célért fogják megpróbálni átirányítani a vallási impulzusaidat és intézményeidet. Ezért a célért fogják magukat titkos módon a világban megalapítani. Ezért a célért fogják a kormányokat és az állami vezetőket befolyásolni. Ezért a célért fogják a világban a katonai erőket befolyásolni. A látogatók magabiztosak abban, hogy sikeresek tudnak lenni, mert idáig úgy látják, hogy az emberiség még nem fejtett ki elég ellenállást, hogy ellensúlyozza az intézkedéseiket vagy meghíúsítsa a tervüket.

Ennek ellensúlyozásáért, meg kell tanulnod a Tudás Útját a Nagyobb Közösségben. A világegyetemben bármely szabad fajnak meg kell tanulnia a Tudás Útját, bárhogy is legyen ez a saját kultúrájukon belül meghatározva. Ez az egyéni szabadság forrása. Ez az, ami lehetővé teszi az egyéneknek és a társadalmaknak az igazi sértetlenséget és a szükséges bölcsességet, hogy megbírkózzanak a Tudást ellensúlyozó hatásokkal, mind a világukon belül, mind a Nagyobb Közösségen belül. Ezért szükséges új módszereket megtanulni, mert egy új szituációba léptek új erőkkel és új befolyásokkal. Valójában ez nem valami jövőkép, hanem egy azonnali kihívás. Az élet a világegyetemben nem vár a készenlétedre. Az események meg fognak történni, akár felkészültél, akár nem. A látogatás az engedélyed nélkül és a beleegyezésed nélkül megtörtént. És az alapvető jogaid sokkal nagyobb mértékben meg vannak sértve, mint ahogyan gondolnád.

Ezért mi nemcsak azért lettünk ideküldve, hogy a meglátásunkat és bátorítást adjunk, de a felhívás hangját is, egy riasztást, hogy egy nagyobb tudatosságra és elkötelezetségre inspiráljunk. Azt már korábban is említettük, hogy nem tudjuk katonai beavatkozáson keresztül megmenteni a fajotokat. Ez nem a mi szerepünk. Még ha ezt meg is kísérelnénk megtenni és elég erőt gyűjtenénk össze egy ilyen terv véghezviteléhez, a világotok elpusztulna. Mi csak tanácsot tudunk adni.

A jövőben látni fogod a vallásos hit vadságának erőszakos módon való kifejezését azon emberek ellen kivitelezni, akik nem értenek egyet, a kevésbé erős nemzetek ellen és ezt a támadás és rombolás fegyvereként felhasználni. A látogatók semmit sem szeretnének jobban annál, minthogy a vallási intézmények kormányozzák a nemzeteket. Ennek muszály ellenállnod. A látogatók semmit sem szeretnének jobban látni, minthogy mindenki által megosztott vallási értékek legyenek, mert ez hozzáad a munkájuk erejéhez és könnyebbé teszi a feladatukat. Az ilyen befolyás minden megnyílvánulásában alapvetően a belenyugvást és a behódolást készteti – az akarat engedelmességét, a szándék alázatosságát, az egyéni élet és képességek átadását. Ez mégis úgy lesz beharangozva, mint az emberiség nagy érdeme, a társadalom nagy előrelépése, az emberi faj új egyesítője, a béke és nyugalom új reménye, az emberi szellem diadala az emberi ösztönök felett.

Ezért mi tanácsadással jöttünk és arra biztatunk, hogy tartózkodj a nem bölcs döntések meghozatalától, hogy az életed olyan dolgoknak adjad át melyeket nem értesz és hogy feladd a tisztánlátásodat és megítélésedet bármilyen beígért jutalomért. És arra bátorítunk, hogy ne fodíts hátat a benned lévő Tudásnak, annak a szellemi intelligenciának amivel születtél, ami most az egyetlen és legnagyobb ígéretedet hordozza magában.

Meglehet, hogy ezt hallva a világegyetemet egy Kegyelem nélküli helynek fogod látni. Talán cinikus leszel és félni fogsz azt gondolva, hogy a kapzsiság egyetemes. De ez nem így van. Amire most szükség van, hogy erős légy, erősebb mint amilyen vagy, erősebb mint amilyen voltál. Addig ne fogadd szívesen a kommunikációt azoktól, akik a világodba beavatkoznak, amíg nincs meg ez az erőd. Ne nyíssátok ki az elméteket és a szíveteket a világon túlról érkező látogatók előtt, mert ők a saját céljaikért jöttek ide. Ne gondold azt, hogy a vallási próféciáidat vagy a legnagyobb eszméidet be fogják teljesíteni, mert ez egy tévhit.

A Nagyobb Közösségben léteznek nagyszerű szellemi erők – egyének és még nemzetek is, akik nagyon magas szintű teljesítményt értek el, messze túlmutatva azon, amit az emberiség idáig bemutatott. De nem jönnek és nem veszik át az irányítást más világok felett. Nem képviselnek politikai és gazdasági erőket a világegyetemben. Saját alapvető szükségleteik kielégítésén túl nem vesznek részt a kereskedelemben. Ritkán utaznak, kivéve sürgősségi helyzetekben.

Követeket küldenek, hogy segítsenek azoknak, akik a Nagyobb Közösségbe olvadnak, olyan követeket, mint mi. És léteznek spirituális követek is – a Láthatatlanok ereje, akik beszélni tudnak azokhoz, akik készek a befogadásra és azokhoz akik jószívűek és jó ígéretet mutatnak. Isten így munkálkodik a világegyetemben.

Egy bonyolult új környezetbe lépsz. A világ nagyon értékes mások számára. Ezt meg kell védened. Az erőforrásaidat meg kell őrizned, hogy ne függjél és ne legyél rászorulva más nemzetekkel való kereskedelemre az életed alapvető szükségleteihez. Ha nem őrzöd meg az erőforrásaidat, a szabadságodról és az önellátásodról nagy mértékben le kell mondanod.

A spiritualitásodnak szilárdnak kell lennie. Valós tapasztalatokon kell alapulnia, mert az értékeket és a hiteket, a rituálékat és a hagyományokat a látogatók saját céljaikra fel tudják használni és fel is vannak használva.

Itt láthatod, hogy a látogatók bizonyos területeken nagyon sebezhetőek. Vizsgáljuk meg ezt tovább. Egyénileg nagyon kevés akarattal rendelkeznek és az összetetettséget nagyon nehezen kezelik. A spirituális természetedet nem értik. És a Tudás impulzusait teljes bizonyossággal nem értik. Minél erősebb vagy a Tudással, annál megmagyarázhatatlanabbá válsz, annál nehezebb írányítani és annál kevésbé leszel hasznos számukra és a beilleszkedési programjuk számára. Egyénileg, minél erősebb vagy a Tudással, annál nagyobb kihívássá válsz számukra. Minél több egyén válik erőssé a Tudással, annál nehezebb a látogatók számára elkülöníteni őket.

A látogatók nem rendelkeznek fizikai erővel. Az erejük a Mentális Környezetben és a technológiájuk használatában van. A számuk kevés a tiédhez képest. A belenyugvásodra teljes egészében rá vannak hagyatkozva és túlságosan magabiztosak, hogy sikerrel tudnak járni. Az eddigi tapasztalataik alapjain, az emberiség nem tanúsított jelentős ellenállást. De minél erősebb vagy a Tudással, annál jobban egy ellenálló erővé válsz a beavatkozásnak és a manipulációnak és annál jobban a szabadság és a sérthetetlenség erejévé válsz a fajod számára.

Bár talán nem sokan lesznek képesek meghallani az üzenetünket, a te válaszod nagyon fontos. Talán könnyű hitetlennek lenni a jelenlétünket és a valóságunkat illetően és az üzenetünk ellen reagálni, de mi a Tudással összhangban beszélünk. Ezért az, amit mondunk a belsődön keresztül tudható, ha szabad vagy ahhoz, hogy tudjad.

Megértjük, hogy számos hitet és hagyományt próbára teszünk a bemutatásunkban. Még az itteni megjelenésünk is megmagyarázhatatlannak fog tűnni és sokak által el lesz utasítva. Szavaink és üzenetünk mégis visszhangra találhat benned, mert mi Tudással beszélünk. Az igazság ereje a legnagyobb erő a világegyetemben. Meg van az ereje, hogy szabaddá tegyen. Meg van az ereje, hogy megvilágosítson. És meg van az ereje, hogy erőt és bizalmat adjon azoknak, akiknek szükségük van rá.

Nekünk az lett mondva, hogy az emberi lelkiismeret nagyra van értékelve, bár talán nincs mindig követve. Erről beszélünk, amikor a Tudás Útjáról beszélünk. Ez alapvető minden igazi spirituális impulzusodhoz. A vallásaitok ezt már tartalmazzák. Ez nem újdonság számodra. De meg kell becsülni, különben az erőfeszítéseink és a Láthatatlanok erőfeszítései nem lesznek sikeresek, hogy felkészítsék az emberiséget a Nagyobb

Közösségre. Túl kevesen fognak reagálni. És az igazság teher lesz számukra, mert nem lesznek képesek ezt hatékonyan megosztani.

Tehát, mi nem azért jöttünk, hogy a vallási intézményeiteket és szokásaitokat kritizáljuk, hanem csak, hogy szemléltessük hogyan lehet ezeket ellened felhasználni. Nem azért vagyunk itt, hogy kicseréljük vagy megtagadjuk őket, hanem hogy megmutassuk, hogy az igazi tisztesség hogyan tudja áthatni ezeket az intézményeket és szokásokat annak érdekében, hogy ezek őszinte úton szolgáljanak téged.

A Nagyobb Közösségben a spiritualitás abban testesül meg, amit mi Tudásnak nevezünk, a Tudás, ami a benned lévő Lélek intelligenciáját és a Lélek mozgását jelenti. Ez felhatalmaz arra, hogy tudjál inkább mint csak hogy higgyél. Ez immunitást ad neked a manipulálás és a meggyőzés ellen, mert a Tudást semmilyen világi hatalom vagy erő nem manipulálhatja. Ez ad életet a vallásaidnak és reményt a sorsodnak.

Mi hűek vagyunk ezekhez az elképzelésekhez, mert ezek alapvetőek. Ezek azonban hiányoznak a kollektívákból, és ha találkoznál a kollektívákkal vagy akár a jelenlétükkel és megvan az erőd a saját elméd megtartásához, akkor ezt magadtól is látni fogod.

Azt mondták nekünk, hogy sok ember van a világban, akik szeretnék magukat átadni, odaadni magukat az életben lévő nagyobb erőnek. Ebben az emberiség nem egyedülálló, de ez a megközelítés a Nagyobb Közösségben rabszolgasághoz vezet. A mi megértésünk, hogy a saját világotokban, mielőtt még ilyen nagy számban voltak jelen a látogatók, az ilyen fajta megközelítés gyakran vezetett elnyomáshoz. De a Nagyobb Közösségben sokkal jobban sebezhetőbb vagy és bölcsebbnek, sokkal óvatosabbnak és még önellátóbbnak kell lenned. A gondatlanságnak itt súlyos ára van és nagy szerencsétlenséget hoz magával.

Ha tudsz a Tudásra reagálni és a Nagyobb Közösségben lévő Tudás Útjáról tanulni, akkor saját magad is meg fogod látni ezeket a dolgokat. Akkor a szavaink megerősítést fognak kapni, ahelyett hogy csupán hinnél bennük vagy tagadnád ezeket. Ezt a Teremtő teszi lehetővé, mert a Teremtő azt akarja, hogy az emberiség felkészüljön a jövőre. Mi ezért jöttünk. Ez az, amiért megfigyelünk és most lehetőségünk van rá, hogy beszámoljunk arról, amit látunk.

A világ vallási hagyományai az alapvető tanításaikban jól beszélnek rólatok. Lehetőségünk volt ezekről tanulni a Láthatatlanoktól. De ezek potenciális gyengeséget is jelentenek. Ha az emberiség éberebb lett volna és megértette volna az élet valóságát a Nagyobb Közösségben és a korai látogatások értelmét, akkor a kockázatok nem lennének olyan nagyok, mint manapság. Remény és elvárás van azzal kapcsolatban, hogy az ilyen fajta látogatások nagyszerű jutalmakat fognak hozni és ez egy betejesedés lesz számodra. Pedig még nem voltál rá képes, hogy a Nagyobb Közösség valóságáról vagy a hatalmas erőkről tanulj, amelyek most a világoddal kölcsönhatásban vannak. A megértés hiánya és a látogatókba fektetett korai bizalom, nem szolgál téged.

Ez az oka annak, hogy a bölcsek a Nagyobb Közösségben rejtve maradnak. Nem keresik a kereskedelmet a Nagyobb Közösségben. Nem próbálnak meg az ipari és a kereskedelmi szövetségek részévé válni. Nem törekednek diplomáciára sok világgal. Az ő hűségi hálozatuk sokkal rejtélyesebb és természetében sokkal spirituálisabb. Tisztában vannak a leleplezés kockázataival és nehézségeivel a fizikai világegyetemben lévő élet valóságaiban. Fenntartják az elszigetelődésüket és éberek maradnak a határaiknál. Csak olyan úton keresztül keresik a bölcsességük kiterjesztését, amelyek kevésbé fizikai jellegűek.

Talán a saját világodban láthatod ennek a kifejezését azokban, akik a legbölcsebbek, akik a legtehetségesebbek, akik nem keresik a személyes előnyöket kereskedelmi utak révén és akik nem kaphatóak a meghódításra és a manipulációra. A saját világod oly sokat mond el számodra. A saját történelmed olyan sok mindent elmesél és szemléltet, bár kisebb mértékben, mint amit mi itt neked bemutatunk.

Ezért a szándékunk, hogy ne csak a helyzeted súlyosságáról figyelmeztessünk, de ha tehetjük, az élet nagyobb észlelésével és megértésével lássunk el, amire szükséged lesz. És bízunk benne, hogy elegen lesznek, akik ezeket a szavakat meg tudják hallani és reagálni tudnak a Tudás nagyságára. Reméljük, hogy lesznek olyanok akik felismerik, hogy az üzenetünk nem azért érkezett, hogy félelmet és pánikot keltsen, hanem felelősséget és elkötelezetséget idézzen elő a szabadság és a világodban lévő jóság megőrzése érdekében.

Ha az emberiségnek nem sikerülne ellenállni a Beavatkozásnak, akkor felvázolhatunk egy képet, hogy ez mit jelentene. Ezt mi láttuk máshol, mert mindegyikünk külön-külön a saját világunkban ehhez nagyon közel került. A kollektívák részeként, a Földet az erőforrásiért fogják kibányászni és emberei munkára lesznek befogva és a lázadóit és az eretnekeit elidegenítik vagy megsemmisítik. A világ a bányászati és a mezőgazdasági érdekeiért lesz megőrizve. Emberi társadalmak létezni fognak, de csak a világodon túli hatalmaknak alárendelve. És ha a világ haszonforrásai kimerülnének és az erőforrásait teljes egészében felhasználnák, akkor teljesen kifosztva itt fognak hagyni. A világ életfenntartó képességeit már elvették tőled és a túlélés alapvető eszközei el lettek lopva. Ez már korábban sok más helyen is megtörtént.

E világ esetében, a kollektívák lehet, hogy úgy döntenek, hogy megőrzik a világot stratégiai pozícióként és biológiai raktárként való folyamatos használatra. Az emberiség azonban rettenetesen szenvedne egy ilyen elnyomó uralom alatt. Az emberiség lakossága le lenne csökkentve. Az emberiség vezetése azok kezébe lenne adva, akiket azért tenyésztettek, hogy az emberi fajt egy új rend szerint vezessék. Az emberi szabadság, ahogy azt te ismered, már többé nem létezne és idegen uralom súlya alatt szenvedne, olyan uralom alatt, ami kemény és szigorú lenne.

A Nagyobb Közösségben sok kollektíva létezik. Némelyikük nagy, némelyikük kicsi. A taktikájukban némelyikük etikusabb, sokan nem azok. Olyan mértékben versenyeznek egymással a lehetőségekért, mint például a világod uralmáért, hogy veszélyes tevékenységeket is elkövetnek. Ezt a szemléltetést muszály megadnunk, hogy kétséged se legyen afelől, amit mondunk. Az előtted álló választási lehetőségek nagyon korlátozottak, de nagyon alapvetőek.

Ezért értsd meg, hogy a látogatók szempontjából, ti mindannyian olyan törzsek vagytok, akiket kezelni és irányítani kell annak érdekében, hogy a látogatók érdekeit szolgáljátok. Ezért a vallásaitok és bizonyos mértékben a társadalmi valóságotok meg lesz őrizve. De sokat fogtok veszíteni. És még több fog elveszni mielőtt rájönnél, mit vettek el tőled.

Ezért mi csak az éberséget, a felelősségvállalást és a tanulás iránti elkötelezettséget tudjuk támogatni – hogy tanulj a Nagyobb Közösségben lévő életről, hogy megtanuld hogyan tudod a saját kultúrádat és a saját valóságodat egy nagyobb környezeten belül megőrizni és megtanuld hogyan lehet meglátni, hogy kik azok, akik téged szolgálnak és hogyan különböztetheted meg azoktól, akik nem. Erre a nagyobb ítélőképességre olyan nagy szükség van a világban, még a saját nehézségeid megoldásában is. De ami a túlélésedet és a Nagyobb Közösségben való jólétedet illeti, ez abszolút alapvető.

Ezért mi felbátorodásra buzdítunk. Van még mit megosztanunk veled.

Küszöb: Egy Új Ígéret az Emberiségnek

A világban lévő földönkívüli jelenlétre való felkészülés érdekében, szükséges többet megtudni a Nagyobb Közösségben lévő életről, arról az életről, amely a jövőben be fogja hálozni a világot, az életről, melynek a részesévé fogsz válni.

Az emberiség sorsa mindig is az volt, hogy az intelligens élet Nagyobb Közösségének részévé váljon. Ez elkerülhetetlen és minden olyan világban bekövetkezik, ahol az intelligens élet magja el lett vetve és ez kifejlődött. Végül is rájöttél volna arra, hogy egy Nagyobb Közösségen belül élsz. És végül is kitaláltad volna, hogy a saját világodban nem vagy egyedül és látogatások történnek és olyan különböző fajokkal, erőkkel, hitekkel és viselkedési formákkal kell megtanulnod megküzdeni, amelyek elterjedtek a Nagyobb Közösségben, amelyben élsz.

A Nagyobb Közösségbe való belépés a sorsod. Az elszigeteltségednek most vége. Habár a múltban a világod többször is meg lett látogatva, de most az elszigeteltségi állapotod a végéhez ért. Most rá kell jönnöd arra, hogy nem vagy többé egyedül - a világegyetemben vagy akár a saját világodban sem. Ennek a megértése a Nagyobb Közösségi Spiritualitás Tanításában még teljesebben be van mutatva, amely ma már a világ elé van terjesztve. A mi szerepünk itt az, hogy körülírjuk az életet úgy, ahogy az a Nagyobb Közösségben létezik, hogy ezáltal egy mélyebb megértést kapjál az élet nagyobb panorámájáról, amelybe bekerülsz. Erre azért van szükséges, hogy képes legyél ezt az új valóságot nagyobb tárgyilagossággal, megértéssel és bölcseséggel megközelíteni. Az emberiség olyan sokáig élt viszonylagos elszigeteltségben, hogy természetes számodra azt a következtetést levonni, hogy a világegyetem többi része is a számodra szent elképzeléseid, alapelveid és tudományod szerint működik és melyekre a világi tevékenységeidet és észrevételeidet alapozod.

A Nagyobb Közösség hatalmas. A legtávolabbi pontjai még sohasem voltak felderítve. Sokkal nagyobb, mint amit bármely faj képes lenne felfogni. Ezen a káprázatos teremtésen belül, minden evolúciós szinten és számtalan kifejezési formában létezik intelligens élet. A te világod a Nagyobb Közösségnek azon a részén helyezkedik el, ami meglehetősen jól lakott. A Nagyobb Közösségnek számos olyan területe van, amelyet soha nem fedeztek fel és vannak olyan területek, ahol a fajok titokban élnek. Minden, ami a Nagyobb Közösségen belül létezik az élet megnyilvánulásának a kifejeződése. És bár, ahogy itt azt körülírtuk az élet nehéznek és kihívásokkal telinek tűnik, a Teremtő mindenhol dolgozik, s a Tudáson keresztűl visszaigényli az elkülönülteket.

A Nagyobb Közösségen belül nem létezhet egy vallás, egy ideológia vagy egy kormányzati forma, amely minden fajhoz és minden néphez igazítható. Ezért, amikor vallásról beszélünk, a Tudás spiritualitásáról beszélünk, mert a Tudás ereje és jelenléte az, ami minden intelligens életben lakozik – benned, a látogatóidban és más fajokban, amelyekkel a jövőben találkozni fogsz.

Így az egyetemes spiritualitás egy nagy fókuszponttá válik. Összehozza a világodban elterjedt eltérő értelmezéseket, elképzeléseket és egy közös alapot ad a saját spirituális valóságotoknak. A Tudás tanulmányozása azonban nem csak oktató, hanem elengedhetetlen a túléléshez és a fejlődéshez a Nagyobb Közösségben. Ahhoz, hogy képes legyél létrehozni és fenntartani a szabadságodat és a függetlenségedet a Nagyobb Közösségben, a világodban elég ember között kell ennek a nagyobb képességnek kifejlődnie. A Tudás az egyetlen részed, amit nem lehet manipulálni és befolyásolni. Ez minden bölcs megértésnek és cselekvésnek a forrása. Ha a szabadság értékelve van és ha szeretnéd a saját sorsodat anélkül alakítani, hogy a kollektívák vagy más társadalom részévé válnál, ez a Nagyobb Közösség környezetén belül elengedhetetlené válik.

Ezért, miközben egy súlyos helyzetet mutatunk be a mai világban, egyben egy nagy ajándékot és nagy ígéretet is nyújtunk az emberiségnek, mert a Teremtő nem hagyna titeket felkészületlenül a Nagyobb Közösségre, ami minden küszöb között a legnagyobb, amivel nektek mint egy fajnak valaha is szembe kell néznetek. Ezzel az ajándékkal mi is meg lettünk áldva. Ez már több évszázad óta a birtokunkban van. Ezt mind választás útján és mind szükségszerűségből meg kellett tanulnunk.

Valójában a Tudás hatalma és jelenléte az, amely lehetővé teszi számunkra, hogy mint Szövetségeseidként beszéljünk és megadjuk azokat az információkat, amelyeket ezeken a tájékoztatókon adunk. Ha mi soha nem találtunk volna rá erre a nagyszerű Kinyilatkoztatásra, akkor mi el lennénk szigetelve a saját világunkban, képtelenek lennénk felfogni a világegyetemben lévő nagyobb erőket, melyek jövőnket és sorsunkat alakítanák. Mert ez az ajándék, amely most a világotoknak adva van, nekünk is és sok más fajnak is, akik ígéretet mutattak, meg lett adva. Ez az ajándék különlegesen fontos, az olyan feltörekvő fajoknál, mint például a sajátod, akik ilyen ígéretet hordoznak magukban és mégis annyira sebezhetőek a Nagyobb Közösségben.

Tehát, míg a világegyetemben nem létezhet egyetlen vallás vagy ideológia, létezik egy egyetemes alapelv, a megértés és a spirituális valóság, mely mindenki számára elérhető. Olyan teljes, hogy azokhoz is szólni képes, akik tőled teljesen különböznek. Az élet sokféleségéhez szól, annak minden megnyílvánulásában. Neked, aki a világodon belül élsz, most meg van rá a lehetőséged, hogy egy ilyen nagy valóságról tanulj, hogy saját magad tapasztald meg erejét és kegyelmét. Valójában ez az az ajándék, amit szeretnénk megerősíteni, mert ez fogja megőrizni a szabadságodat és az önrendelkezésedet és megnyitni a kaput egy nagyobb ígéret előtt a világegyetemben.

Azonban a kezdetekben viszontagság és egy nagy kihívás vár rád. Ez megköveteli tőled a mélyebb Tudás és a nagyobb tudatosság elsajátítását. Ha erre a kihívásra válaszolsz, nem csupán te magad válsz haszonélvezőjévé, de az egész fajod is.

A Nagyobb Közösségi Spiritualitás tanítása, most az egész világon bemutatásra kerül. Ez itt még soha nem került bemutatásra. Az átadása egy emberen keresztül történik, aki ennek a Hagyománynak a közvetítője és szónokaként szolgál. Ebben a kritikus időben küldik a világba, amikor az emberiségnek muszály a Nagyobb Közösségben lévő életéről és azokról az erőkről tanulnia, melyek ma a világot alakítják.

Csak egy világon túli tanítás és megértés képes ezt az előnyt és felkészítést megadni számodra.

E nagy feladat felvállalásában nem vagy egyedül, mert vannak mások is a világegyetemben, még a te fejlődési szakaszodban is, akik erre vállalkoznak. Te csak egy vagy a sok faj közül, akik ebben az időben a Nagyobb Közösségbe emelkednek. Mindegyikük ígéretes, de mégis mindegyikük sebezhető e nagyobb környezetben létező nehézségeknek, kihívásoknak és befolyásoknak kitéve. Valójában, számos faj veszítette el a szabadságát, még mielőtt azt valaha is elérték volna és így a kollectívák részévé vagy kereskedelmi céhek vagy nagyobb hatalmak ügyfélállamává váltak.

Mi nem szeretnénk azt látni, hogy ez az emberiséggel megtörténik, mert ez egy nagy veszteség lenne. Ez az oka annak, hogy mi itt vagyunk. Ez az oka annak, hogy a Teremtő aktív ma a világban, egy új megértést hozva az emberi családnak. Itt az ideje, hogy az emberiség véget vessen az önmagával folytatott szüntelen konfliktusainak és felkészüljön a Nagyobb Közösségben lévő életre.

Egy olyan térségben élsz, ahol a parányi naprendszered szféráján túl elég nagy mértékű a tevékenység. Ezen a térségen belül, bizonyos utak mentén kereskedelem folyik. A világok kölcsönhatásban állnak egymással, versenyeznek és néha ellentmondásba kerülnek egymással. A lehetőségeket mindenki keresi, akinek van kereskedelmi érdeke. Nem csak az erőforrásokat keresik, de az olyan világok hűségét is, mint a tiéd. Közülük néhányan nagyobb kollektívák részei. Mások sokkal kisebb méretekben tartják fent a szövetségeiket. Azoknak a világoknak, amelyek sikeresen képesek a Nagyobb Közösségbe emelkedni, nagyobb mértékben kell fenntartani az autonómiájukat és önellátásukat. Ez megszabadítja őket attól, hogy ki legyenek téve más erők hatásainak, ami csak arra szolgálna, hogy kihasználják és manipulálják őket.

Valójában az önellátásod valamint a megértés és az egység fejlesztése lesz a legfontosabb a jövőben a jóléted szempontjából. És ez a jövő nincs túl messze, mert a látogatók befolyása a világban már egyre nagyobb. Sok személy már elfogadta őket és most mint követeiként és közvetítőiként szolgálnak. Sok más személy egyszerűen erőforrásként szolgál a genetikai programjukhoz. Ez, mint mondtuk, sokszor megtörtént sok helyen. Ez számunkra nem rejtély, de mégis számodra érthetetlennek tűnhet.

A Beavatkozás egyszerre szerencsétlenség és egy létfontosságú lehetőség is. Ha képes vagy reagálni, ha képes vagy felkészülni, ha képes vagy a Nagyobb Közösségi Tudást és Bölcsességet megtanulni, akkor képes leszel a világodba beavatkozó erőket ellensúlyozni és a saját népeid és törzseid között egy nagyobb egység alapjait kiépíteni. Mi, természetesen erre szeretnénk bátorítani, mert ez mindenhol erősíti a Tudás kötelékeit.

A Nagyobb Közösségben ritkán fordul elő nagyszabású háború. Vannak korlátozó erők. Egyrészt a hadviselés megzavarja a kereskedelmet és az erőforrások fejlesztését. Ebből kifolyólag a nagy nemzetek nem cselekedhetnek meggondolatlanul, mert ez akadályozza vagy ellensúlyozza a más pártok, más nemzetek és más érdekek céljait. Polgárháború időnként előfordul a világokban, de a társadalmak és világok közötti nagyszabású hadviselés valóban ritka. Részben ez az egyik oka a Mentális Környezetben kialakított képességeknek, mert a nemzetek versenyeznek egymással és megpróbálják egymást befolyásolni. Mivel senki sem akarja az erőforrásokat és a lehetőségeket elpusztítani, ezért a Nagyobb Közösség számos társadalmában ezek a nagyobb készségek és képességek vannak változó fokú sikerrel kifejlesztve. Amikor ilyen jellegű hatások vannak jelen, a Tudásra még nagyobb szükség van.

Az emberiség erre rosszul van felkészülve. De a gazdag szellemi örökséged és a világodban lévő bizonyos fokú személyes szabadság miatt van rá ígéret, hogy képes leszel ebben a nagyobb megértésben fejlődni és ezáltal biztosítani a szabadságod megőrzését.

A Nagyobb Közösségben vannak más korlátozások is a hadviselés ellen. A legtöbb kereskedelmi társadalom olyan nagyobb egyesületekhez tartozik, amelyek törvényeket és magatartási kódexeket hoztak létre tagjaik számára. Ezek arra szolgálnak, hogy korlátozzák sokak tevékenységét, akik más világokhoz és azok tulajdonában lévő erőforrásokhoz erővel szeretnének hozzáférni. Mert egy nagyszabású háború kitörése esetén, sok fajnak kellene részt vennie és ez nem gyakran történik meg. Mi megértjük, hogy az emberiség nagyon is harcias és háborús szempontból képzeli el a konfliktusokat a Nagyobb Közösségben, de a valóságban azt fogod találni, hogy ezt nem jól tolerálják és az erő helyett más meggyőzési módokat alkalmaznak.

Így a látogatóid nem nagy fegyverzettel érkeznek a világodba. Nem hoznak ide nagy katonai erőket, mert azokat a képességeket alkalmazzák, amelyek más módon szolgálják őket – készségeket, amelyekkel manipulálják azok gondolatait, impulzusait és érzéseit, akikkel találkoznak. Az emberiség nagyon ki van téve az ilyen meggyőzéseknek, tekintve a babonaság, a konfliktusok és a bizalmatlanság mértékét, amely jelenleg elterjedt a világotokban.

Ezért, hogy megértsd a látogatóidat és megértsd azokat, akikkel a jövőben fogsz találkozni, egy érettebb megközelítését kell kialakítanod a hatalom és a befolyás használatához. Ez a Nagyobb Közösségi oktatásodnak egy létfontosságú része. Az erre való felkészülés egy része a Nagyobb Közösségi Spiritualitás Tanításában lesz megadva, de közvetlen tapasztalaton keresztül is meg kell tanulnod.

Megértjük, hogy jelenleg sok ember között nagyon fantáziadús nézet van a Nagyobb Közösségről. Úgy tartják, hogy azok, akik technológiailag fejlettek spirituálisan is fejlettek, de biztosíthatunk róla, hogy ez nem így van. Ti magatok, bár technológiailag fejlettebbek vagytok, mint korábban, spirituálisan nem igen nagy mértékben fejlődtetek. Nagyobb erővel rendelkeztek, de az erővel eggyütt jár a nagyobb visszafogottság szüksége is.

A Nagyobb Közösségben vannak olyanok, akiknek sokkal nagyobb hatalmuk van, mint neked technológiai szinten, sőt gondolati szinten is. Fejlődni fogsz, hogy megbirkózz velük, de nem a fegyverzeten lesz a hangsúly.

Mert bolygóközi szinten a hadviselés annyira pusztító, hogy mindenki veszít. Mi a zsákmánya egy ilyen konfliktusnak? Milyen előnyöket biztosít? Valójában, ha egy ilyen konfliktus létrejön, az az űrben történik és ritkán földi környezetben. A szélhámos nemzetek és azok akik pusztítanak és agresszívek, gyorsan ellensúlyozva vannak, különösen ha olyan sűrűn lakott területen élnek, ahol kereskedelem folyik.

Ezért fontos, hogy megértsed a világegyetemben lévő konfliktusok természetét, mert ez betekintést nyújt a látogatókba és szükségleteikbe – miért működnek úgy, ahogyan működnek, miért ismertlen köztük a személyes szabadság és miért támaszkodnak a saját kollektívájukra. Ez stabilitást és hatalmat ad nekik, de egyúttal ez sebezhetővé is teszi őket azokkal szemben, akik a Tudásban képzettek.

A Tudás lehetővé teszi számodra, hogy sokféleképpen gondolkodj, spontán cselekedj, a nyilvánvalón túl érzékeld a valóságot és megtapasztald a jövőt és a múltat. Az ilyen képességek elérhetetlenek azok számára, akik csak a renszert és a saját kultúrájuk diktálását képesek követni. Technológiailag messze le vagy maradva látogatóktól, de ott van számodra az ígérte, hogy a Tudás Útján kifejlesztheted képességeidet, olyan képességeket, amelyekre szükséged lesz és amelyekre egyre nagyobb mértékben meg kell tanulnod támaszkodni.

Mi nem az Emberiség Szövetségesei lennénk, ha nem tanítanánk téged a Nagyobb Közösségben lévő életről. Sok mindent láttunk. Sok kölönböző dologgal találkoztunk már. A mi világaink le lettek győzve és vissza kellett nyernünk a szabadságunkat. Tévedésekből és tapasztalatokból tudjuk a konfliktusok természetét és azt a kihívást, amivel neked ma szembe kell nézned. Éppen ezért nagyon is alkalmasak vagyunk erre a küldetésre, hogy téged szolgáljunk. Azonban, nem fogsz velünk találkozni és nem azért jöttünk, hogy a nemzeteid vezetőivel találkozzunk. Nem ez a célunk.

Valójában a lehető legkevesebb beavatkozásra van szükséged, de nagy támogatásra van szükséged. Vannak új képességek, amelyeket ki kell fejlesztened és egy új megértésre kell szert tenned. Mégha egy jóindulatú társadalom is jönne a világodba, olyan befolyással és olyan hatással lenne rád, hogy függővé válnál tőlük és nem építenéd ki a saját erődet, saját képességeidet és a saját önellátásodat. Annyira rá lennél utalva a technológiájukra és a megértésükre, hogy nem lennének képesek magadra hagyni. És valójában az ideérkezésük még sebezhetőbbé tenne a jövőbeni beavatkozásokkal szemben. Mert vágyakoznál a technológiájukra és a Nagyobb Közösség kereskedelmi folyosóin akarnál utazni. De még erre nem lennél felkészülve és nem lennél bölcs.

Ez az amiért a jövőbeli barátaid nincsenek itt. Ezért nem jönnek ide a segítségedre. Mert nem válnál elég erőssé, ha ezt megtennék. Velük akarnál társulni, velük akarnál szövetkezni, de annyira gyenge lennél, hogy nem tudnád saját magad megvédeni. Lényegében a kultúrájuk részévé válnál, amit nem akarnak.

Talán sokan nem lesznek képesek megérteni azt, amit itt mondunk, de ez idővel tökéletes értelmet fog nyerni és látni fogod ennek a szükségességét és bölcsességét. Ebben a pillanatban túl törékenyek, túl zaklatottak és túl ellentmondásosak vagytok ahhoz, hogy egy erős szövetséget alakítsatok ki, még azokkal is akik a jövőbeli barátaid lehetnek. Az emberiség még nem tud egy hangon szólni és ezért hajlamosak vagytok a túlról érkező beavatkozásra és manipulációra.

Ahogy a Nagyobb Közösség valósága egyre ismertebbé válik a világodon belül, és ha az üzenetünk elég emberhez el tud jutni, akkor egyre növekvő egyetértés lesz abban, hogy az emberiség egy nagyobb problémával áll szemben. Ez új alapot teremthet az együttműködéshez és a konszenzushoz. Mert a világban milyen lehetséges előnyre tehet szert egy nemzet a másikkal szemben, amikor az egész világot fenyegeti a Beavatkozás? És ki tudna egyéni hatalom megszerzésére törekedni egy olyan környezetben, ahol alien erők avatkoznak be? Ha a szabadság valódi lesz a világodban, ezt meg kell osztani. Ezt fel kell ismerni és tudomásul kell venni. Ez nem lehet csak a kevesek kiváltsága, különben nem lesz itt igazi ereje.

A Láthatatlanoktól megértettük, hogy már most is vannak olyan emberek, akik világuralomra törekednek, mert azt hiszik, hogy megvan nekik a látogatók áldása és támogatása. A látogatók biztosítják őket, hogy a hatalomért való igyekezetükben támogatva lesznek. És mégis, mit adnak át, mint a saját szabádságuk kulcsát és a saját világuk szabadságát? Tudatlanok és ostbák. Nem látják a saját hibájukat.

Azt is megértettük, hogy vannak olyanok akik azt hiszik, hogy a látogatók itt egyfajta spirituális reneszánszot és egy új reményt képviselnek az emberiség számára, de honnan tudnák azok, akik semmit sem tudnak a Nagyobb Közösségről? Arra vágynak és azt remélik, hogy ez így lesz és ezek a kívánságok a látogatók által vannak elhelyezve, eléggé nyilvánvaló okokból.

Amit itt mondunk az az, hogy a világban nem lehet más, mint valódi szabadság, valódi hatalom és valódi egység. Az üzenetünket mindenki számára elérhetővé tesszük és bízunk benne, hogy szavainkat el tudjátok fogadni és komolyan fontolóra veszitek. De a válaszodat nem tudjuk irányítani. A világ babonái és félelmei pedig sokak számára elérhetetlenné tehetik az üzenetünket. De az ígéret még mindig ott van. Hogy többet adjunk, át kellene vennünk a világodat, amit mi nem akarunk. Ezért mindent megadunk, amit csak adhatunk anélkül, hogy beleavatkoznánk ügyeitekbe. De mégis sokan vannak, akik akarják a beavatkozást. Azt akarják, hogy valaki más megszabadítsa vagy megmentse őket. Nem bíznak az emberiség lehetőségeiben. Nem hisznek az emberiség eredendő erősségeiben és képességeiben. Szívesen fogják átadni a szabadságukat. Azt fogják elhinni, amit a látogatók mondanak nekik. És az új mestereiket fogják szolgálni, azt gondolva, hogy a saját felszabadulásukat kapják meg.

A szabadság egy értékes dolog a Nagyobb Közösségben. Ezt soha ne felejtsd el. A ti szabadságotok, a mi szabadságunk. És mi is a szabadság, ha nem a Tudás követésének képessége, a valóság amelyet a Teremtő adott meg számodra, és ennek a Tudásnak a kifejezése és a Tudáshoz való hozzájárulás annak minden megnyilvánulásában?

A látogatóid nem rendelkeznek ezzel a szabadsággal. Számukra ez ismeretlen. A világodban lévő káoszt nézve, azt gondolják, hogy az a rend, amit itt be fognak vezetni megváltás lesz számodra és a saját önpusztításodtól fog megmenteni. Ez minden, amit ők adni tudnak, mert ez minden, amivel rendelkeznek. És használni fognak téged, de ezt nem tartják helytelennek, mert ők maguk is használva vannak és ezen kívül nem ismernek semmi mást. A programozásuk, a kondicionálásuk olyan alapos, hogy elérni őket egy mélyebb spirituális szinten csak távoli lehetőségeket tartogat. Ennek megtételéhez nincs meg az erőd. Sokkal erősebbnek kell lenned, mint amilyen ma vagy, hogy megváltó befolyást gyakorolj a látogatóidra. És mégis az ő felépítésük nem olyan szokatlan a Nagyobb Közösségben. Ez nagyon gyakori a nagy kollektíváknál, különösen hatalmas kiterjedésű tér felett, ahol a hatékony működés érdekében elengedhetetlen az egységesség és az alkalmazkodás.

Ezért ne félelemmel, hanem tárgyilagosan tekints a Nagyobb Közösségre. Az általunk körülírt feltételek már léteznek a világodban. Ezeket a dolgokat meg tudod érteni. A manipuláció fogalmát ismered. A befolyás fogalmát ismered. Csak ilyen nagy mértékben még soha nem találkoztál velük és még soha nem kellett más intelligens életformával felvenned a versenyt. Ennek eredményeként, még nem rendelkezel az ehhez szükséges készségekkel.

Mi a Tudásról beszélünk, mert ez a legnagyobb képességed. Függetlenül attól, hogy idővel milyen technológiát tudsz majd kifejleszteni, a Tudás jelenti a legnagyobb ígéretet. A technológiai fejlettségedben messze le vagy maradva a látogatóktól, így a Tudásra kell támaszkodnod. Ez a legnagyobb erő a világegyetemben és a látogatóid ezt nem használják. Ez az egyetlen reményed. Ezért a Nagyobb Közösségi Spiritualitás Tanításaiban oktatva van a Tudás Útja, meg vannak adva a Lépések a Tudáshoz és tanítva van a Nagyobb Közösségi Bölcsesség és Intuíció. E felkészülés nélkül, nem lenne elég készséged vagy perspektívád megérteni a választási lehetőségeidet vagy hogy ezekre hatékonyan válaszolni tudjál. Ez túl nagy. Ez túl új. És ezekhez az új körülményekhez még nem alkalmazkodtál.

A látogatók befolyása napról-napra növekszik. Minden embernek, aki ezt hallja, érzi és tudja, meg kell tanulnia a Tudás Útját, A Nagyobb Közösségi Tudás Útját. Ez egy felhívás. Ez egy ajándék. Ez egy kihívás.

Kellemesebb körülmények között ennek a szüksége nem tűnne annyira fontosnak. De óriási szükség van rá, mert az itt lévő alien jelenléttől a világban nincs biztonság, nincs hová elbújni, nincs biztos menedék. Éppen ezért csak két választási lehetőség van: vagy beleegyezel vagy kiállsz a szabadságodért.

Ez a nagy döntés áll minden egyes ember előtt. Ez a nagy fordulópont. A Nagyobb Közösségben nem lehetsz ostoba. Ez a környezet nagyon is megköveteli. Megköveteli a kiválóságot és az elkötelezettséget. A világod túl értékes. Az itteni erőforrásokra mások is áhítoznak. A világod stratégiai pozícióját nagyra értékelik. Még ha egy olyan távoli világban is élnél, amely távol van minden kereskedelmi útvonaltól, távol minden kereskedelmi kapcsolattól, végül valaki felfedezne. Ez az eshetőség most érkezett el számodra. És ez jócskán folyamatban van.

Ezért, legyél bátor. Ez a bátorság ideje, nem a kételkedésé. Az előtted álló helyzet súlyossága csak megerősíti az életed és a válaszod fontosságát valamint a felkészülés fontosságát, amely ma a világba adva van. Ez nem csak a te hasznodat és fejlődésedet szolgálja. Hanem a védelmedet és a túlélésedet is.

Kérdések és Válaszok[*]

Fontosnak érezzük, hogy az általunk nyújtott eddigi információ után válaszoljunk a kérdésekre, amelyek biztosan felmerülnek a valóságunkat és az általunk hozott üzenetek jelentőségét illetően.

◆

„Szilárd bizonyíték hiányában, miért kellene az embereknek elhinni azt, amit nekik a Beavatkozásról mondotok?"

Először is, a világodban lévő látogatást illetőleg terjedelmes bizonyítéknak kell lennie. Nekünk az lett mondva, hogy ez így van. De azt is mondták a Láthatatlanok, hogy az emberek nem tudják, hogyan kell értelmezni a bizonyítékot és ennek saját értelmezést adnak - olyan értelmezést, amelyet szívesebben adnak neki, olyan értelmezést, amely nagyrészben kényelemmel és megnyugtatással szolgál. Biztosak vagyunk benne, hogy elegendő bizonyíték van a jelenlegi világba történő Beavatkozás igazolására, ha valaki időt szán,

---

*Ezek a kérdések a New Knowledge Library-ba lettek küldve, a Szövetségesek Anyagának számos első olvasói által.

hogy utána nézzen és kivizsgálja ezt az ügyet. Az a tény, hogy a kormányaitok vagy a vallási vezetőitek nem fednek fel ilyen dolgokat, nem jelenti azt, hogy ilyen nagy események nem történnek meg közöttetek.

◆

„Honnan tudhatják az emberek, hogy valóságosak vagytok?"

A valóságunkat illetően, a fizikai jelenlétünket nem tudjuk neked bizonyítani és ezért a szavaink jelentősége és fontossága alapján kell ezt eldöntened. Ezen a ponton, ez nem csupán hit kérdése. Egy nagyobb felismerést, Tudást, rezonanciát igényel. Az általunk mondott szavakat igaznak véljük, de ez nem garantálja, hogy ezek így is lesznek befogadva. Az üzenetünkre adott választ nem tudjuk irányítani. Vannak emberek, akiknek több bizonyítékra van szükségük, mint ami lehetségesen adható. Másoknak nem lesz szükségük ilyen bizonyítékra, mert egy belső megerősítést fognak érezni.

Talán továbbra is a vita tárgyát fogjuk képezni, de mégis azt reméljük és bízunk benne, hogy a szavaink komolyan lesznek véve és a létező bizonyíték, amely jelentős, össze lesz gyűjtve és meg lesz értve azok által, akik hajlandóak ezt az erőfeszítést és összpontosítást az életükben megtenni. A mi szemszögünkből nézve, nincs ennél nagyobb probléma, megpróbáltatás és lehetőség, ami a figyelmedet megkaphatja.

Tehát egy új megértés kezdetén vagytok. Ez hitet és önbizalmat igényel. Sokan fogják a szavainkat elutasítani, egyszerűen azért, mert nem hiszik el az esetleges létezésünk valóságát.

Mások talán azt fogják hinni, hogy a világra vetett egyfajta manipuláció részei vagyunk. Ezeket a reakciókat nem tudjuk irányítani. Mi csak az üzenetünket tudjuk felfedni és az életedben lévő jelenlétünket, bármennyire távoli is legyen ez a jelenlét. Nem is a mi jelenlétünk az, ami itt rendkívülien fontos, hanem az általunk hozott üzenet felfedése és egy nagyobb látószög és megértés, amit számodra biztosítani tudunk. Az oktatásodnak valahol el kell kezdődnie. Minden oktatás a tudás vágyával kezdődik.

Reméljük, hogy az elbeszéléseinken keresztűl legalább a bizalmad egy részét megszerezzük annak érdekében, hogy elkezdhessük felfedni, amit mi itt felajánlunk.

♦

„Mit tudsz mondani azoknak, akik a Beavatkozást egy pozitív dolognak tekintik?"

Először is mi megértjük azt az elvárást, hogy az összes égből érkező erők, a spirituális megértéseiddel, hagyományaiddal és az alapvető hiedelmeiddel állnak kapcsolatban. Az az elképzelés, hogy a világegyetemben prózai élet van, kihívást jelent ezeknek az alapvető feltételezéseknek. A mi szemszögünkből és saját kultúráinkban szerzett tapasztalataink alapján, megértjük ezeket az elvárásokat. A távoli múltban, mi magunk is ezeket állítottuk. És mégis a Nagyobb Közösségi élet valóságával és a látogatások jelentésével szemben, ezekről le kellett mondanunk.

Egy nagyszerű fizikai világegyetemben élsz. Tele van élettel. Ez az élet számtalan megnyílvánulását képviseli, valamint az intelligencia és spirituális tudatosság evolúciójának minden szintjét is képviseli. Ez azt jelenti, hogy amivel a Nagyobb Közösségben találkozni fogsz, magában foglalja szinte az összes lehetőséget.

Azonban elszigeteltek vagytok és még nem utaztok az űrben. És még ha a képességeitek meg is lennének egy másik világ eléréséhez, a világegyetem hatalmas és senki nem érte el azt a képességet, hogy a galaxis egyik végéből a másikba menjen, bármilyen sebességgel is. Ezért a fizikai világegyetem hatalmas és felfoghatatlan marad. A törvényeit senki sem sajátította el. Területeit senki sem hódította meg. Teljes uralmát és ellenőrzését senki sem állíthatja. Ezen a módon az életnek egy nagyszerű szerényítő hatásta van. Ez még messze a határaidon túl is igaz.

Így majd elvárhatod, hogy fogtok találkozni jó erőket képviselő intelligenciákkal, a tudatlanság erőivel és azokkal, akik irányodban inkább semlegesek. Azonban, a Nagyobb Közösségi utazás és feltárás valóságaiban, az olyan új fajok mint a tiéd is, szinte kivétel nélkül találkozni fognak erőforrások kutatóival, kollektívákkal és azokkal, akik előnyre szeretnének szert tenni a Nagyobb Közösségi élet első érintkezéséből.

Ami a látogatás pozitív értelmezését illeti, ezeknek egy része emberi elvárás és a jó kimenetelnek a természetes vágya és, hogy az emberiség azokra a problémákra, amelyeket saját maga nem volt képes megoldani segítséget kapjon a Nagyobb Közösségtől. Ezeknek a dolgoknak az elvárása normális, különösen, ha figyelembe veszed azt, hogy a látogatóid nagyobb képességekkel rendelkeznek, mint ti. Azonban, a nagy látogatások értelmezésében a probléma nagy részét a látogatók akarata és célja alkotja. Mert ők az embereket mindenhol arra ösztönzik, hogy itt jelenlétüket teljes mértékben hasznosnak tekintsék az emberiség és szükségleteik szempontjából.

◆

„Ha ez a Beavatkozás ennyire előrehaladott, miért nem jöttetek hamarabb?"

Egy korábbi időben, sok évvel ezelőtt, a szövetségeseitek több csoportja látogatott el a világodba, hogy megkíséreljék átadni a remény üzenetét, hogy felkészítsék az emberiséget. De sajnos az üzeneteiket nem tudták megérteni és néhányan, akik át tudták venni, visszaéltek vele. A jövetelükre ráébredve, a kollektívákból álló látogatók összeálltak és összegyűltek itt. Tudtuk, hogy ez fog történni, mert a világotok túlságosan is értékes ahhoz, hogy figyelmen kívül legyen hagyva, és ahogy azt említettük, nem a világegyetemnek egy kietlen, távoli részén helyezkedik el. A világotokat már régóta megfigyelték azok, akik saját hasznukra kívánják használni.

◆

„Miért nem tudják a szövetségeseink megállítani a Beavatkozást?"

Mi csak azért vagyunk itt, hogy megfigyeljünk és tanácsot adjunk. A nagy döntések, amivel az emberiség szemben áll, a te kezedben vannak. Senki más nem tudja ezeket a döntéseket helyetted meghozni. Még a világodon túl lévő jó barátaitok sem avatkoznának közbe, mert ha ezt tennék, ez háborúhoz vezetne és a világotok egy ellentétes erők közötti csatatérré válna. És ha a barátaitok győzedelmeskednének is, akkor teljesen rájuk lennétek utalva, képtelenek lennétek magatokat megvédeni vagy a saját szabadságotokat fenntartani a világegyetemben. Mi nem ismerünk olyan jóindulatú fajt, aki ezt a terhet hajlandó lenne elviselni. És igazából ez egyébként sem szolgálna titeket.

Mert akkor egy másik hatalom ügyfélállamává válnátok és messzről kellene irányítani. Ez számodra semmilyen módon sem előnyös és ez az oka annak, hogy ez nem történik meg. A látogatók azonban úgy fogják magukat feltüntetni, mint az emberiség megmentői és felszabadítói. A naívitásodat fogják hasznosítani. Az elvárásaidat fogják kihasználni és törekednek teljes mértékben profitálni a bizalmadból.

Ezért őszinte vágyunk, hogy szavaink ellenszerként tudnak szolgálni a jelenlétükre, a manipulálásukra és visszaélésükre. Mert a jogaid meg vannak sértve. A területeitek beszivárgás alatt vannak. A kormányaitok rábeszélés alatt állnak. És a vallási ideológiáitok és impulzusaitok átirányítás alatt vannak.

Ezzel kapcsolatban muszály, hogy az igazságnak hangja legyen. És csak abban bízhatunk, hogy meg tudod hallani ennek az igazságnak a hangját. Csak remélni tudjuk, hogy a meggyőzés még nem ment túl messzire.

◆

„Milyen reális célokat tűzzünk ki magunk elé, és mit tehetünk az emberiség megmentése érdekében, hogy ne veszítse el az önrendelkezését?"

Az első lépés a tudatosság. Sok embernek kell felismernie, hogy a Föld látogatva van és ezek az idegen erők titkos módon működnek itt, igyekezve az emberi megértés elől elrejteni a napirendjüket és törekvéseiket. Nagyon világossá kell hogy váljon, hogy a jelenlétük itt az emberi szabadságra és önrendelkezésre nézve egy nagy kihívást jelent. Az elmélyülőben lévő napirendjüket és az általuk szponzorált Lecsendesítő Programjukat, jelenlétük tekintetében józansággal és bölcsességgel ellensúlyozni kell. Ennek az ellenhatásnak meg kell történnie. Sok ember van ma a világban, aki képes ezt megérteni. Ezért az első lépés a tudatosság.

A következő lépés az oktatás. Szükséges, hogy sok ember különböző kultúrából, különböző nemzetekből a Nagyobb Közösségben lévő életről tanuljon és elkezdjék megérteni milyen dolgokkal fognak majd szembenézni és amivel szemben állnak már ebben a pillanatban is.

Ezért a reális célok a tudatosság és az oktatás. Ez már önmagában is akadályozná a látogatók napirendjét a világban. Jelenleg nagyon kevés ellenállással működnek. Kevés akadályba ütköznek. Mindazoknak, akik az „emberiség szövetségeseinek" akarják tekinteni őket, meg kell tanulniuk, hogy ez nem így van. Talán a szavaink nem lesznek elegek, de ez egy kezdet.

◆

„Hol találjuk meg ezt az oktatás?"

Ez az oktatás megtalálható a Nagyobb Közösségi Tudás Útjában, amely most bemutatásra kerül a világban. Bár ez egy új felfogást mutat be a világegyetemben lévő életről és a spiritualitásról, de kapcsolatban áll a világban már létező összes valódi spirituális úttal – azon spirituális utakkal, amelyek értékelik az emberi szabadságot és a spiritualitás valódi jelentését és értékelik az emberi családon belül lévő együttműködést, békét és harmóniát. Ezért a Tudás Útjának tanítása előhívja a világodban már létező nagy igazságokat és nagyobb összefüggést és kifejezési színteret ad nekik. Ily módon a Nagyobb Közösségi Tudás Útja nem helyetesíti a világ vallásait, de egy nagyobb kontextust biztosít, amelyen belül azok valóban jelentőségteljesek és a mostani időkben meghatárózóak.

♦

„Hogyan közvetíthetjük másoknak az üzeneted?"

Az igazság minden emberben ott él ebben a pillanatban. Ha az emberben élő igazsághoz tudsz szólni, akkor az megerősödik és elkezd rezonálni. A mi nagy reményünk, a Láthatatlanok reménye, a világodat szolgáló szellemi erők, és azok reménye, akik értékelik az emberi szabadságot és szeretnék, ha a Nagyobb Közösségbe való olvadásod sikeresen teljesedne be, erre, a minden egyes emberben benne élő igazságra támaszkodunk. Ezt a tudatosságot mi nem kényszeríthetjük rátok. Ezt csak feltárni tudjuk előtted és bizunk a Teremtő által adott Tudás nagyságában, amely lehetővé teszi számodra és mások számára, hogy erre válaszolj.

♦

„Hol rejlenek az emberiség erősségei a Beavatkozással szemben?"

Először is, a világod megfigyelésén keresztül és abból, amit a Láthatatlanok mondtak nekünk olyan dolgokról, amit nem vagyunk képesek látni, mi megértjük, hogy bár a világon belül nagyok a problémák, de a Beavatkozások ellenzéséhez szükséges alaphoz elegendő emberi szabadság van. Ez ellentétben áll sok más világgal, ahol a személyes szabadság ennek elkezdéséhez soha nem lett kialakítva. Ahogy ezek a világok alien erőkkel és a Nagyobb Közösségi élet valóságával találkoznak, számukra a szabadság és a függetlenség megalapításának lehetősége nagyon korlátozott.

Ezért, hatalmas erőd van abban, hogy az emberi szabadság ismert a világodban és mégha nem is mindenki által, de sokak által értékelt. Tudod, hogy van mit veszítened. Értékeled azt, amivel már rendelkezel, bármilyen mértékben is lett ez megalapítva. Nem akarsz idegen erők által irányítva lenni. Még csak azt sem akarod, hogy emberi hatóságok által legyél keményen írányítva. Ezért ez egy kezdetet jelent.

A következő, mivel a világod szellemi hagyományokban gazdag, melyek elősegítették a egyéni Tudás kialakulását és az emberi együttműködés és megértés kialakulását, a Tudás valósága már meg lett alapozva. Ismételten, más világokban, ahol a Tudás soha nem lett megalapítva, létrehozásának esélye a Nagyobb Közösségbe való olvadás fordulópontjánál kevés reményt mutat a sikerre. Itt a Tudás elég emberben elég erős ahhoz, hogy képesek lehetnek a Nagyobb Közösségben lévő élet valóságáról tanulni és megérteni azt, hogy mi történik körölöttük ebben az időben. Ez az oka annak, hogy reménykedünk mert mi bízunk az emberi bölcsességben. Mi bízunk benne, hogy az emberek az önzőségük, az önelfoglaltságuk és a saját önvédelmük fölé tudnak emelkedni, hogy egy nagyobb módon nézzenek az életre, nagyobb felelősséget érezve a saját fajtájuk szolgálata iránt.

Lehet, hogy a hitünk alaptalan, de mi bízunk benne, hogy ezzel kapcsolatban a Láthatatlanok bölcs tanácsokkal láttak el minket. Ennek eredményeként, veszélybe sodortuk magunkat azáltal, hogy a világod közelébe tartózkodunk és a határodon túli eseményekről tanuskodunk, amelyek közvetlen hatással vannak a jövődre és a sorsodra.

Az emberiségnek nagy ígérete van. Egyre jobban tudatosulnak benned a világban lévő problémák – a nemzetek közötti együttműködés hiánya, a természetes környezeted degradációja, a csökkenő erőforrások és így tovább. Ha ezek a problémák az emberek által ismertlenek lennének, ha ezeket a valóságokat elrejtették volna az emberek előtt, olyan mértékig, hogy az embereknek fogalmuk sem lenne ezeknek a dolgoknak a létezéséről, akkor mi nem lennénk olyan bizakodóak. Azonban a valóság az, hogy az emberiségnek meg van a képessége és az ígérete ahhoz, hogy ellensúlyozza a világba való bármilyen Beavatkozást.

◆

„Ez a Beavatkozás katonai invázióvá fog válni?"

Ahogy mondtunk, a világod túl értékes ahhoz, hogy katonai inváziót szítson. A világodat látogatók közül senki sem akarja elpusztítani az infrastruktúráját vagy a természetes erőforrásait. Ezért a látogatók nem az emberiség elpusztítását akarják, hanem ehelyett alkalmazni az emberiséget a saját kollektívájuk szolgálatára.

Nem katonai invázió fenyeget téged. Az ösztönzés és a rábeszélés ereje. Ez a saját gyengeségedre, a saját önzőségedre, a Nagyobb Közösség életével kapcsolatos tudatlanságodra, valamint a jövőddel kapcsolatos és a határaidon túli életre vonatkozó vak optimizmusodra lesz építve.

Ennek ellensúlyozására, oktatást biztosítunk és a felkészülés eszközeiről beszélünk, amelyek jelenleg a világba vannak küldve. Ha még nem ismernéd az emberi szabadságot, ha még nem lennél tisztába a világodban honos problémákkal, akkor nem tudnánk rádbízni egy ilyen felkészülést. És nem bíznánk abban, hogy a szavaink az általad ismert igazsággal rezonálnának.

◆

„Tudjátok az embereket olyan erőteljesen befolyásolni, mint a látogatók, csak éppen jó irányba?"

Nem az a szándékunk, hogy befolyásoljunk egyéneket. A célunk csak az, hogy bemutassuk a problémát és azt a valóságot, amelybe belekerülsz. A Láthatatlanok biztosítják a tényleges felkészülés eszközét, mert ez a minden élet Teremtőjétől ered. Ebben a Láthatatlanok a jó irányba befolyásolják az egyéneket. De vannak korlátozások. Mint már említettük, az önrendelkezésedet kell megerősíteni. A saját erődnek kell növekednie. Az emberi család közötti együttműködést kell támogatni.

Korlátai vannak annak, hogy mennyi segítséget tudunk nyújtani. A mi csoportunk kicsi. Mi nem járunk köztetek. Ezért az új valóságod nagy megértéseit személyről személyre kell megosztani. Ezt nem lehet egy idegen erő által rátok kényszeríteni, még ha ez a te javadat is szolgálná. Akkor mi nem a szabadságodat és az önrendelkezésedet támogatnánk, ha egy ilyen meggyőzési programot támogatnánk. Itt nem lehettek olyanok, mint a gyerekek. Éretté és felelőségteljessé kell válnotok. A szabadságotok forog kockán. A világotok forog kockán. Az egymással való együttműködésetekre van szükség.

Most egy fontos okod van a fajotok egyesítésére, mert egyikőtök sem fog hasznot húzni a másik nélkül. Egyik nemzet sem profitál abból, ha bármely másik nemzet alien irányítás alá esik. Az emberi szabadságnak teljesnek kell lennie. Az együttműködésnek világszerte meg kell történnie. Mert most mindenki ugyanabban a helyzetben van. A látogatók nem kedvelik jobban az egyik csoportot a másiknál, az egyik fajt a másiknál, az egyik népet a másiknál. Csak a legkisebb ellenállás útját keresik, hogy megalapozzák jelenlétüket és uralmukat a világotokon.

◆

„Mennyire kiterjedt az emberiségbe való beszívárgásuk?"

A látogatók jelentős jelenléttel rendelkeznek a világ legfejlettebb nemzeteiben, különösen az Európai nemzeteknél, Oroszországban, Japánban és Amerikában. Ezeket tekintik a legerősebb nemzeteknek, a legnagyobb hatalommal és befolyással. Így a látogatók ezekre fognak koncentrálni. Azonban világszerte visznek el embereket és mindazokkal, akiket elfognak előremozdítják a Lecsendesítő Programjukat, ha ezek az egyének fogékonyak tudnak lenni a befolyásukra. Ezért a látogatók világszerte jelen vannak, de azokra koncentrálnak, akiket úgy remélnek szövetségesükké válhatnak. Ezek azok a némzetek és kormányok és vallási vezetők, akik a legnagyobb hatalommal rendelkeznek és megingatják az emberi gondolatokat és meggyőződés.

◆

„Mennyi idő áll rendelkezésünkre?"

Mennyi idő áll rendelkezésetekre? Még van egy kis időtök, de hogy mennyi azt nem tudjuk megmondani. De mi egy sürgős üzenettel érkeztünk. Ez nem egy olyan probléma, amit egyszerűen ki lehet kerülni vagy megtagadni. A mi szempontunkból ez a legfontosabb kihívás, amivel az emberiség szemben áll. Ez a legnagyobb gond, az első prioritás. A felkészülésben késésben vagytok. Ezt számos rajtunk kívül álló tényező okozta. De van még idő, ha tudsz válaszolni. Az eredmény kimenetele bizonytalan, de még mindig van remény a sikerre.

◆

„Hogyan tudunk koncentrálni erre a Beavatkozásra, adva az egyéb óriási globális problémákat, amelyek most előfordulnak?"

Először is, mi úgy érezzük, hogy nincs semmilyen más probléma a világban, amely olyan fontos lenne, mint ez. A mi meglátásunkból nézve, bármit amit saját magatoktól meg tudtok oldani, kevés értelemmel fog bírni a jövőben, ha a szabadságotok elveszik. Mit is remélhettek nyerni? Mi az amit megvalósítani vagy biztosítani remélhettek, ha a Nagyobb Közösségben nem vagytok szabadok? Minden teljesítményetek az új kormányzóitoknak lenne adva, az összes vagyonod nekik lenne adva. És bár a látogatóitok nem kegyetlenek, de a napirendjük mellett teljesen elkötelezettek. Csak annyira értékelnek titeket, amennyire az ügyük számára hasznosak tudtok lenni. Ez az oka annak, hogy nem érezzük úgy, hogy bármely más probléma, ami az emberiség előtt áll olyan fontos, mint ez.

◆

„Kik azok, akik valószínűleg reagálni tudnak erre a helyzetre?"

Azt illetően, hogy kik tudnak válaszolni, sok ember van ma a világban, akiknek eredendő tudásuk van a Nagyobb Közösségről és érzékenyek rá. Sokan vannak, akiket már elvittek a látogatók, de akik nem hódoltak be nekik vagy a meggyőzésüknek. És sokan vannak, akik aggódnak a világ jövőjéért és akik figyelmeztetve lettek az emberiség előtt álló veszélyekre. Az emberek e három kategóriából vagy ezek közül bármelyikből az elsők között lehetnek, akik válaszolnak a Nagyobb Közösség valóságára és a Nagyobb Közösségre való felkészülésre. Az élet bármely területéről jöhetnek, bármely nemzetből, bármilyen vallási háttérrel vagy bármilyen gazdasági csoportból. Szó szerint a világ minden táján vannak. Ez rajtuk és a válaszukon múlik, amitől a nagy Spirituális Erők, amelyek védik és felülnézik az emberi jólétet függenek.

◆

„Említetted, hogy a világ minden tájáról visznek el embereket.
Hogyan tudják az emberek megvédeni magukat és másokat az
elrablástól?"

Minnél erősebbé válik benned a Tudás és minnél tájékozottabb vagy a látogatók jelenlétét illetően, annál kevésbé leszel kívánatos alanya a tanulmányaiknak és a manipulációjuknak. Minnél többet használod a velük való találkozásaidat, hogy betekintést nyerj beléjük, annál nagyobb veszéllyé válsz számukra. Mint mondtuk, a legkisebb ellenállás útját keresik. Azokat az egyéneket akarják, akik engedékenyek és könnyen befolyásolhatóak. Azokat akarják, akik kevés problémát és kevés aggodalomat okoznak nekik.

Sőt, ahogy erősebbé válsz a Tudásban, az irányításukon kívűl fogsz kerülni, mert most már nem tudják a szívedet vagy az elmédet foglyul ejteni. És idővel, meg lesz benned az érzékelés ereje ahhoz, hogy az elméjükbe láss, amit nem kívánnak. Ezután veszélyt jelentesz számukra, egy kihívás leszel számukra és ha tudnak kerülni fognak.

A látogatók nem akarnak lelepleződni. Nem szeretnének konfliktusba kerülni. Túlságosan bíznak abban, hogy céljaikat el tudják érni az emberi család komolyabb ellenállása nélkül. De ha egyszer ilyen ellenállás létrejön, ha egyszer a Tudás ereje az egyénben felébred, akkor a látogatók egy sokkal nehezebb akadállyal találják magukat szemben. A beavatkozásuk itt meghiúsul és nehezebben elérhető. És a hatalomban lévők meggyőzése sokkal nehezebben lesz megvalósítható. Ezért az egyének válasza és az igazság iránti elkötelezettség az, ami itt elengedhetetlen.

Légy tudatában a látogatók jelenlétének. Ne engedj annak a meggyőzésnek, hogy a jelenlétük itt spirituális természetű vagy hogy ez az emberiség számára nagy hasznot vagy megváltást tartogat. Állj ellent a meggyőzésnek. Nyerd vissza a saját belső tekintélyedet, azt a nagyszerű ajándékot, amelyet a Teremtő adott neked. Válj egy leszámoló erővé mindazokkal kapcsolatban, akik az alapvető jogaidat megsértik vagy azt megtagadják.

Ez a Spirituális Erő kifejezésre juttatása. Ez a Teremtő Akarata, hogy az emberiség önmagában egyesülten és idegen beavatkozástól és uralomtól mentesen olvadjon a Nagyobb Közösségbe. A Teremtő Akarata az, hogy felkészülj a jövőre, amely a múltadtól eltérő lesz. Mi a Teremtő szolgálatában vagyunk itt és így jelenlétünk és szavaink ezt a célt szolgálják.

◆

„Ha a látogatók az emberiség vagy bizonyos egyének ellenállásába ütköznek, nagyobb számban fognak idejönni vagy elmennek?"

Számuk nem nagy. Amennyiben jelentős ellenállásba ütköznek, vissza kell vonulniuk és új terveket kell készíteniük. Teljesen biztosak abban, hogy küldetésüket komolyabb akadályok nélkül tudják teljesíteni. Ha azonban komoly akadályok merülnének fel, akkor a beavatkozásuk és meggyőzésük meghiúsulna és más módot kell találniuk az emberiséggel való kapcsolatfelvételre.

Bízunk benne, hogy az emberi család kellő ellenállást és elég konszenzust képes kiváltani ahhoz, hogy ellensúlyozza ezeket a hatásokat. Reményeinket és erőfeszítéseinket erre alapozzuk.

◆

„Melyek a legfontosabb kérdések, amelyeket fel kell tennünk magunknak és mások számára az alien beszivárgásokkal kapcsolatban?"

Talán a legkritikusabb kérdések, amit magatoknak feltehettek, „Mi emberek egyedül vagyunk a világegyetemben vagy a saját világunkban? Ezekben az időkben látogatva vagyunk? Ez a látogatás előnyös számunkra? Fel kell készülnünk?"

Ezek nagyon alapvető kérdések, de fel kell tenni őket. Sok kérdés van azonban, amit nem lehet megválaszolni, mert a Nagyobb Közösség életéről még nem tudtok eleget és még nem vagytok biztosak abban, hogy meg van-e a képességetek ezeknek a hatásoknak az ellensúlyozására. Az emberi oktatásban még sok dolog hiányzik, amely elsősorban a múltra összpontosított. Az emberiség egy viszonylagos elszigeteltség hosszú állapotából emelkedik ki. Az oktatása, az értékei és intézményei mind ebben az elszigeteltségi állapotban lettek megalapítva. De az elszigeteltségednek most örökre vége. Mindig is tudott volt, hogy ez fog történni. Elkerülhetetlen volt, hogy ez így legyen. Ezért az oktatásod és az értékeid egy új kontextusba kerülnek, amelyhez alkalmazkodni kell. És ennek az alkalmazkodásnak gyorsan kell megtörténnie a világban jelenleg zajló Beavatkozások természete miatt.

Sok kérdés lesz még, amire nem tudsz válaszolni. Ezzel együtt kell élned. A Nagyobb Közösségről való oktatásod még csak a legelején van. Ezt nagyon józanul és óvatosan kell megközelítened. A saját hajlamaidat kell ellensúlyoznod abban, hogy megpróbáljad a helyzetet kellemessé és megnyugtatóvá tenni. Az életről egyfajta tárgyilagosságot kell kifejlesztened és túl kell nézned a saját személyes érdekkörödön annak érdekében, hogy egy olyan pozícióba tedd magad, hogy válaszolni tudjál a nagyobb erőkre és eseményekre, amelyek a világodat és a jövődet formálják.

♦

„Mi történik akkor, ha nem tud elég ember válaszolni?"

Bízunk benne, hogy elég ember tud válaszolni és elkezdeni a Nagyobb Közösségben lévő életről a fontos oktatását annak érdekében, hogy ígéretet és reményt nyújtsanak az emberi család számára. Ha ez nem valósítható meg, akkor azok, akik értékelik a szabadságukat és ezzel az oktatással rendelkeznek, vissza kell hogy vonuljanak. Életben kell tartaniuk a Tudást a világban, mialatt a világ teljes ellenőrzés alá esik. Ez egy nagyon súlyos alternatíva és mégis ez előfordult más világokban. A szabadsághoz való visszaút egy ilyen pozícióból meglehetősen nehéz. Reméljük, hogy nem ez lesz a sorsotok és ezért adjuk át ezt az információt. Mint mondtuk, elég ember van a világban, akik válaszolni tudnak, hogy ellensúlyozzák a látogatók szándékait és meghiúsítsák az emberi ügyekre és emberi értékekre gyakorolt befolyásukat.

◆

„Más világokról is beszélsz, akik a Nagyobb Közösségbe emelkednek.
Tudnál beszélni a sikerekről és a kudarcokról, amelyek hatással
lehetnek a mi helyzetünkre?"

Voltak sikerek, különben nem lennénk itt. Az én esetemben, mint a csoportunk szószólója, a mi világunkban már nagy részben megtörtént a beszivárgás, mielőtt az adott helyzetre rájöttünk. Az oktatásunkat egy olyan csoport érkezése indította el, mint mi magunk, akik betekintést és információt adtak a helyzetünkről. Alien erőforrás-kereskedők voltak a világunkban, akik kapcsolatba léptek a kormányunkkal. Az akkoriban hatalmon lévők meg lettek győzve arról, hogy a csere és kereskedelem előnyös lesz számukra, mert kezdtük megtapasztalni az erőforrások kimerülését. Bár a mi fajunk egyesült volt, a tiédtől eltérően, elkezdtünk teljes mértékben az előttünk bemutatott új technológiától és lehetőségektől függeni. És ahogy ez megtörtént, volt egy váltás a hatalom középpontjában. Elkezdtünk ügyfelekké válni. A látogatók elkezdtek szolgáltatókká válni. Ahogy telt az idő, először hajszálnyi feltételek és korlátozások lettek ránk helyezve.

A vallási fókuszunk és hiedelmeink is befolyásolva voltak a látogatók által, akik érdeklődést mutattak a spirituális értékeink iránt, de akik egy új felfogást kívántak nekünk adni, a kollektívára alapozott megértést, az egymással összhangban gondolkodó elmék együttműködésére alapozva. Ezt a spiritualitás és a teljesítmény kifejezéseként mutatták be fajunknak. Voltak olyanok, akiket meggyőztek, és mégis mivel a világon túli szövetségesein jól elláttak tanácsokkal, olyan szövetségesek, mint amilyenek mi vagyunk, elkeztünk egy ellenállási mozgalmat felállítani és idővel képesek voltunk a látogatókat a világunk elhagyására kényszeríteni.

Azóta már nagyon sokat tanultunk a Nagyobb Közösségről. Az általunk fenntartott kereskedelem nagyon szelektív és csak néhány más nemzettel történik meg. Képesek voltunk a kollektívákat elkerülni és ez megőrizte a szabadságunkat. És mégis a sikert nehezen tudtuk elérni, mert közülünk sokaknak kellett ebben a konfliktusban meghalnia. A mi történetünk sikerrel járt, de nem volt ingyen. A csoportunkban vannak mások is, akik hasonló nehézségeket tapasztaltak a Nagyobb Közösségben lévő beavatkozó erőkkel kapcsolatban. És mégis, mivel végül megtanultunk a határainkon túlra utazni, szert tettünk az egymással való szövetségre. Képesek voltunk megtanulni, hogy mit jelent a Nagyobb Közösségben a spiritualitás. És a Láthatatlanok, akik a mi világunkat is szolgálják, segítettek minket ebben a tekintetben, hogy megtegyük ezt a nagy váltás az elszigeteltségből a Nagyobb Közösségi tudatosságba.

De nagyon sok kudarc is volt, aminek a tudatában vagyunk. Az olyan kultúrák, ahol az őshonos népek nem alapították meg a személyes szabadságot vagy még nem ízlelték meg az együttműködés gyümölcseit, technológiai fejlettségük ellenére sem voltak meg az alapjaik ahhoz, hogy létrehozzák a világegyetemben a saját függetlenségüket. A kollektívák ellenállásához a képességeik nagyon korlátozottak voltak. A nagyobb hatalom, a fejlettebb technológia és a nagyobb gazdagság ígéretével gerjeszve és a Nagyobb Közösségben lévő látszólagos előnyök által gerjeszve, a hatalmuk központja elhagyta a világukat. A végén teljesen azoktól váltak függővé, akik ellátták őket és akik az erőforrásaik és az infrastruktúrájuk felett megszerezték az irányítást.

Biztosan el tudod képzelni, hogy ez hogyan történhetett. A történelmed szerint még a saját világodon belül is láttál kisebb nemzeteket nagyobb nemzetek uralma alá esni. Ezt még ma is láthatod. Ezért ezek az elképzelések számodra nem teljesen idegenek. A Nagyobb Közösségben, úgy mint a világodban is az erősebb fogja a gyengébbet uralni, ha tudja. Ez az élet valósága mindenhol. És ez az oka, hogy mi a tudatosságodat és a felkészülésedet ösztönözzük annak érdekében, hogy megerősödj és az önrendelkezésed növekedhessen.

Lehet hogy sokaknak komoly csalódást fog jelenteni, hogy megértsék és megtanulják, hogy a szabadság ritka a világegyetemben. Minnél erősebbé és technológiailag fejlettebbé válnak a nemzetek, annál nagyobb és nagyobb egységességet és alkalmazkodást igényelnek a népeik között. Ahogy áthidalják a Nagyobb Közösséget és bekapcsolódnak a Nagyobb Közösség ügyeiben, az egyéni kifejezés iránti tolerancia odáig csökken, hogy a vagyonnal és hatalommal rendelkező nagyobb népek olyan szigorú és követelő magatartással vannak szabályozva, amit te iszonyatosnak találnál.

Itt meg kell tanulnod, hogy a technológiai fejlettség és a spirituális fejlettség nem ugyanazt jelenti, ezt a leckét az emberiségnek még meg kell tanulnia és muszály megtanulnia, ha ezekben az ügyekben a természetes bölcsességedet akarod gyakorolni.

A világodat nagyra értékelik. Biológiailag gazdag. Egy olyan kincsen ülsz, amit muszály megvédened, ha te akarsz a gondozója és haszonélvezője lenni. Vedd figyelembe azokat a népeket a világodban, akik elvesztették a szabadságukat, mert egy mások által értékelt helyen éltek. Most az egész emberi család van ilyen veszélyben.

◆

„Mivel a látogatók annyira képzettek a gondolatok kivetítésében és az emberek Mentális Környezetének befolyásolásában, hogyan lehetünk biztosak abban, hogy amit látunk az valódi?"

A bölcs észlelés egyetlen alapja a Tudás kifejlesztése. Ha csak azt hiszed el, amit látsz, akkor csak annak fogsz hinni, ami neked mutatva van. Nekünk az lett mondva, hogy sokaknak ez a perspektívájuk. Mégis mi már megtanultuk, hogy a Bölcseknek mindenütt egy nagyobb meglátást és egy nagyobb megkülönböztetést kell elérniük. Az igaz, hogy a látogatóid ki tudják vetíteni a szentjeitek és a vallási személyeitek képeit. Bár ezt nem gyakran gyakorolják, de teljes bizonnyal fel tudják használni annak érdekében, hogy elkötelezetséget és odaadást idézzenek elő azok között, akiknél már adott az ilyen meggyőződés. Itt a spiritualitásod egy sebezhetőségi területté válik, ahol muszály bölcsességet alkalmazni.

A Teremtő mégis az igazi megkülönböztetés alapjaként már megadta neked a Tudást. Megtudhatod, hogy az amit látsz igaz-e, ha megkérdezed magadtól, hogy valóságos-e. Ehhez azonban rendelkezniad kell ezzel az alappal, és ez az oka annak, hogy a Tudás Útjának tanítása olyan alapvető a Nagyobb Közösségi Spiritualitás elsajátításában. E nélkül az emberek azt hiszik el, amit hinni akarnak és arra fognak hagyatkozni, amit látnak és ami mutatva van nekik. És a szabadság lehetősége már elveszett, mert eleve soha nem engedték ez kivirágozni.

◆

„Beszéltél a Tudás életben tartásáról. Hányan kellenek ahhoz, hogy a Tudás életben maradjon a világban?"

Nem tudunk konkrét számot adni, de elég erősnek kell lennie ahhoz, hogy a saját kultúrádon belül egy hangot kiváltson. Ha ezt az üzenetet csak kevesen tudják átvenni, akkor nekik nem lesz meg ez a hangjuk vagy ez az erejük. Itt meg kell osztani a bölcsességüket. Ezt nem lehet pusztán önépítésre használni. Sokkal több mindenkinek kell erről az üzenetről tudnia, sokkal többnek, mint amennyien ma ezt át tudják venni.

◆

„Veszéllyel jár ennek az üzenetnek a bemutatása?"

Az igazság bemutatásának mindig van veszélye, nem csak a te világodban, de máshol is. Az emberek a jelenleg létező körülményekből előnyt élveznek. A látogatók előnyt kínálnak a hatalmon lévőknek, akik képesek fogadni őket, és akik nem erősek a Tudásban. Az emberek hozzászoknak ezekhez az előnyökhöz és ezekre építik az életüket. Ez ellenállóvá, sőt ellenségessé teszi őket az igazság bemutatásával szemben, amely megköveteli felelősségüket mások szolgálatában, és amely veszélyeztetheti vagyonuk és eredményeik alapját.

Ezért vagyunk elrejtőzve és nem járunk a világodban. Kétségtelen, hogy a látogatók elpusztítanának minket, ha megtalálnának. De talán az emberiség is megpróbálna elpusztítani minket azért, amit képviselünk és az általunk bemutatott új valóság és kihívás miatt. Nem mindenki kész elfogadni az igazságot, még akkor sem, ha erre nagy szükség van.

♦

„Befolyásolhatják-e a látogatókat a Tudásban erős egyének?"

A siker esélye itt nagyon korlátozott. Olyan lények kollektívájával van dolgod, akiket arra tenyésztettek, hogy megfeleljenek, és akiknek az egész életét és tapasztalatát a kollektív mentalitás ölelte át és váltotta ki. Nem maguknak gondolkodnak. Ebből az okból kifolyólag, mi úgy érezzük, hogy nem tudod őket befolyásolni. Az emberi család körében csak keveseknek van meg ehhez az erejük és a siker lehetősége még itt is nagyon korlátozott lenne. Tehát a válasz az, hogy „Nem". Mindenféle gyakorlati szempont miatt, nem lehet megnyerni őket.

♦

„Miben különböznek a kollektívák egy egyesült emberiségtől?"

A kollektívákat különböző fajok alkotják és azok, akik ezeknek a fajoknak a szolgálatára lettek tenyésztve. Számos olyan lény, akikkel a világban találkozol a kollektívák által lettek kitenyészve, hogy szolgák legyenek. A genetikai örökségük már régóta elveszett számukra. Szolgálatra vannak tenyésztve, mint ahogy ti az állatokat tenyésztitek, hogy titeket szolgáljanak. Az általunk támogatott emberi együttműködés egy olyan együttműködés, amely megőrzi az egyének önrendelkezését és olyan erőpozíciót biztosít, ahonnan az emberiség kölcsönhatásba tud lépni nem csak a kollektívákkal, de másokkal is, akik a jövőben a partjaidat fogják látogatni.

A kollektíva egy hitre, egy alapelvre és egy hatalomra alapozott. A hangsúly a teljes hűségen van egy eszméhez vagy egy ideálhoz. Ez nem csak a látogatóid oktatásából ered, de a saját genetikai kódjukból is. Ezért viselkednek úgy, ahogy viselkednek. Ez egyben az erősségük és gyengeségük is. A Mentális Környezetben nagy erővel rendelkeznek, mert egyesült elméjük van. De gyengék, mert nem tudnak önállóan gondolkozni. Nem tudnak túl sikeresen megbirkózni a bonyolultságokkal vagy a nehézségekkel. Egy Tudásban jártas férfi vagy nő érthetetlen lenne számukra.

Az emberiségnek egyesülnie kell, hogy megőrizze a szabadságát, de ez egy teljesen más megalapítás a kollektívák alkotásától. Mi „kollektíváknak" hívjuk őket, mert különböző fajok és nemzetiségek kollektívái. A kollektívák nem egy fajt képviselnek. Bár a Nagyobb Közösségben sok faj van, amelyet egy domináns hatalom irányít, a kollektívák egy szervezet, amely túlterjed egy faj saját világához való hűségén.

A kollektíváknak nagy erejük lehet. Mégis, mivel sokféle kollektíva létezik, hajlamosak egymással versenyezni, ami megakadályozza, hogy közülük bármelyik is dominánssá váljon. Továbbá, a Nagyobb Közösségben lévő különböző nemzeteknek egymással régóta fennálló vitáik vannak, amelyeket nehéz áthidalni. Talán régóta versenyeznek ugyanazokért az erőforrásokért. Talán versenyben állnak egymással, hogy eladják a tulajdonukban lévő erőforrásokat. Mégis a kollektívák egy más kérdés. Ahogy itt mondjuk, nem egy fajra és egy világra van alapozva. Ők az uralom és a hódítás eredményei. Ez az oka annak, hogy a látogatóid különböző fajok lényeiből állnak, különböző hatalmi és parancsnoki szinteken.

◆

„Más világokban, ahol sikeresen egyesültek, képesek voltak fenntartani az egyéni gondolat szabadságát?"

Változó mértékben. Egyesek nagyon magas fokig, mások kevésbé, történelmüktől, pszichológiai felépítésüktől és saját túlélésük szükségleteitől függően. A te életed a világban viszonylag könnyű ahhoz képest, ahol más fajok fejlődtek. A legtöbb helyet, ahol intelligens élet létezik már gyarmatosították, mert nincs sok olyan földi bolygó, mint a tiéd, amely ilyen gazdag biológiai erőforrását biztosítana. A szabadságuk nagyrészt a saját környezetük gazdagságától függött. De mindannyian sikeresek voltak az alien beszivárgás meghiúsításában és saját önrendelkezésükön alapuló csere, kereskedelmi és kommunikációs vonalakat alakítottak ki. Ez egy ritka teljesítmény, amit ki kell érdemelni és meg kell védeni.

◆

„Mire lesz szükség az emberi egység eléréséhez?"

Az emberiség nagyon sebezhető a Nagyobb Közösségben. Ez a sebezhetőség idővel elősegítheti az emberi család közötti alapvető együttműködést, mert a túlélés és az előrejutás érdekében csatlaknotok és egyesülnötök kell. Ez része a Nagyobb Közösségi tudatosságnak. Ha ez az emberi közreműködés, szabadság és önkifejezés elveire van alapozva, akkor az önellátásod nagyon erőssé és gazdaggá válhat. De nagyobb együttműkösének kell lennie a világban. Az emberek nem élhetnek csak saját maguk számára és nem tehetik a saját személyes céljaikat mindenki más szükségletei fölé. Egyesek ezt a szabadság elvesztésének tekinthetik.

Mi ezt a jövőbeli szabadság garanciájaként látjuk. A mai világban ural-kodó jelenlegi attitüdöt adva ugyanis nagyon nehéz lesz a jövőbeli szabadságodat bebiztosítani és ezt fenttartani. Vigyázz. Azok, akiket a saját önzőségük vezérel, tökéletes jelöltek az idegen befolyásra és ma-nipulációra. Ha hatalmi pozicióban vannak, át fogják adni a nemzetük gazdagságát, a nemzetük szabadságát és a nemzetük erőforrásait, hogy előnyt szerezzenek maguknak.

Ezért nagyobb együttműködésre van szükség. Bizonyára ezt te is látod. Bizonyára ez még a saját világodon belül is nyilvánvaló. De ez nagyban különbözik a kollektívák életétől, ahol a fajok uralva és irányítva vannak, ahol azok akik megfelelnek be vannak vonva a kollektívákhoz és azok akik nem, el vannak idegenítve vagy megsemmisítve. Bizonyára egy ilyen létesítmény, bár jelentős befolyással bír, a tagjai számára nem lehet előnyös. És mégis ez az az út, amit a Nagyobb Közösségben sokan követnek. Mi nem szeretnénk azt látni, hogy az emberiség is egy ilyen szervezet részévé váljon. Ez egy nagy tragédia és veszteség lenne.

◆

„Miben különbözik az emberi szemlélet a tiédtől?"

Az egyik különbség az, hogy mi kifejlesztettünk egy Nagyobb Közösségi perspektívát, ami kevésbé énközpontú módon nézi a világot. Ez egy olyan nézőpont, mely nagy világosságot ad és nagy bizonyságot nyújthat a kisebb problémákkal kapcsolatban, amelyekkel a mindennapi ügyeidben szembenézel. Ha a nagy problémákat meg tudod oldani, akkor meg tudod oldani a kisebbeket is. Egy nagy problémád van. Minden em-beri lény a világban ezzel a nagy problémával áll szemben. Ez egyesíthet benneteket és képessé tehet benneteket a régóta fennálló nézeteltérések és konfliktusok leküzdésére. Ez olyan nagy és olyan erőteljes. Mi azért is mondjuk, hogy éppen azok a körülmények, amelyek a jólétedet és a jövődet veszélyeztetik, a megváltásra is lehetőséget adnak.

Mi tudjuk, hogy az egyénben lévő Tudás ereje, vissza tudja állítani az egyént és minden kapcsolatát, a teljesítmény, elismerés és képesség magasabb szintjére. Ez saját magadnak kell felfedezned.

A mi életünk nagyon más. Az egyik különbség az, hogy az életünket a szolgálatnak adjuk, a magunk által választott szolgálatnak. Számunkra megvan a választás szabadsága és így a választásunk valódi és értelemes és a saját megértésünkre alapozott. A csoportunk tagjai között, számos különböző világból vannak képviselők. Mi az emberiség szolgálatára jöttünk össze. Egy nagyobb szövetséget képviselünk, amely inkább spirituális természetű.

◆

„Ez az üzenet egy emberen keresztül érkezik. Miért nem lépsz kapcsolatban mindenkivel, ha ez annyira fontos?"

Ez csupán egy hatékonysági kérdés. Nem mi irányítjuk, hogy kit választanak ki, hogy fogadjon minket. Ez a Láthatatlanok feladata, azoké akiket joggal nevezhettek „Angyaloknak". Mi így gondolunk rájuk. Ők választották ki ezt a személyt, egy olyan személyt, aki nem rendelkezik világi pozícióval, akit nem ismernek el a világban, egy egyént, akit a tulajdonságai és a Nagyobb Közösségi öröksége miatt választottak ki. Örülünk, hogy van egy, akin keresztül tudunk beszélni. Ha több emberen keresztül szólnánk, talán nem értenének egyet egymással és az üzenet zavarossá válna és elveszne.

A saját tanulmányainkból megértettük, hogy a spirituális bölcsesség átadása általában egy egyénen keresztül történik, mások támogatásával. Ennek az egyénnek kell viselnie a súlyát, a terhét és a kockázatát annak, hogy kiválasztott. Tiszteljük őt, amiért ezt teszi és megértjük, hogy micsoda teher lehet ez. Ezt talán félreértelmezik, és ezért kell a bölcsnek rejtve maradnia. Elrejtőzve kell maradnunk. Neki is rejtve kell maradnia. Így az üzenet átadható és az üzenethozó védve marad. Mert ezen üzenet felé lesz ellenségeskedés. A látogatók ellenezni fogják és már most is ellenzik. A tiltakozásuk jelentős lehet, de ez elsősorban az üzenethozó felé lesz irányítva. Ez az oka annak, hogy az üzenethozót védelmezni kell.

Tudjuk, hogy ezekre a kérdésekre adott válaszok még több kérdést fognak generálni. És ezek közük sokra nem lehet válaszolni, talán még hosszú ideig. A bölcseknek, bárhol is legyenek, olyan kérdésekkel kell együtt élniük, amelyeket még nem tudnak megválaszolni. A türelmük és a kitartásuk az, amin keresztül a valódi válaszok megjelennek és képesek azokat megtapasztalni és megtestesíteni.

A z emberiség egy új kezdet előtt áll. Egy súlyos helyzettel néz szembe. Egy új oktatásnak és megértésnek a szüksége a legfontosabb. Azért vagyunk itt a Láthatatlanok kérésére, hogy ezt az igényt szolgáljuk. Ránk támaszkodnak, hogy megosszuk a bölcsességünket, mivel mi a fizikai világegyetemben élünk, akárcsak ti. Mi nem angyali lények vagyunk. Nem vagyunk tökéletesek. A sprituális tudatosság és teljesítmény terén nem értünk el magas szinteket. És ezért bízunk benne, hogy a Nagyobb Közösségről szóló üzenetünk relevánsabb és könnyebben befogadható lesz. A Láthatatlanok sokkal többet tudnak, mint mi a világegyetemben lévő életről, a fejlődés és a teljesítmény elérhető szintjeiről, melyet sok helyen gyakorolnak. Mégis arra kértek minket, hogy beszéljünk a fizikai élet valóságáról, mert mi ezzel teljes egészében kapcsolatban állunk. És mi a saját hibáinkon és megpróbáltatásainkon keresztül megtanultuk az itt veled megosztottak fontosságát és értelmét. Így, mi az Emberiség Szövetségeseiként jövünk, mert mi azok vagyunk. Légy hálás, hogy vannak szövetségeseid, akik tudnak segíteni és akik tudnak tanítani és akik támogatni tudják az erősségedet, a szabadságodat és a teljesítményeidet. Mert e segítség nélkül nagyon korlátozott lenne az esélye annak, hogy túléld azt a fajta alien beszivárgást, amit most tapasztalsz. Igen, lenne néhány ember, aki rájönne a helyzetre, ahogy az valójában létezik, de a számuk nem lenne elég nagy és a hangjukat nem hallanák meg.

Ebben csak a bizalmadat kérhetjük. Reméljük, hogy a szavaink bölcsességén keresztül és a lehetőségeken keresztül, amely által meg kell tanulnod a jelentésüket és jelentőségüket, idővel megszerezzük ezt a bizalmat, mert a Nagyobb Közösségben vannak szövetségeseid. Ezen a világon túl nagyszerű barátaid vannak, akik megszenvedték azokat a kihívásokat, amelyekkel most te szembesülsz és sikerrel jártak. Mivel minket is segítettek, most nekünk kell másokat segíteni. Ez a mi szent szövetségünk. Ez az, ami mellett szilárdan elkötelezettek vagyunk.

A MEGOLDÁS

LÉNYEGÉBEN A BEAVATKOZÁSRA A MEGOLDÁS NEM TECHNOLÓGIÁRÓL, POLITIKÁRÓL VAGY KATONAI ERŐBEVETÉSRŐL SZÓL.

Az emberi szellem megújulásáról szól.

Arról szól, hogy az emberek tudomást szerezzenek a Beavatkozásról és felszólaljanak ellene.

Az elszigeteltség és a gúny megszüntetéséről szól, amelyek visszatartják az embereket, hogy kifejezzék azt, amit látnak és tudnak.

A félelem, az elkerülés, a fantázia és a megtévesztés legyőzéséről szól.

Arról szól, hogy az emberek erőssé, tudatossá és felhatalmazottá váljanak.

Az Emberiség Szövetségesei kritikus tanácsot nyújtanak, amely lehetővé teszi számunkra, hogy felismerjük a Beavatkozást, illetve, hogy ennek hatásait ellensúlyozzuk. Ahhoz, hogy ezt megtegyük, a Szövetségesek arra sürgetnek bennünket, hogy az őshonos intelligenciánkat és jogainkat használjuk, hogy szabad fajként teljesítsük be sorsunkat a Nagyobb Közösségben.

ITT AZ IDŐ ARRA, HOGY EZT MEGKEZDJÜK.

EGY ÚJ REMÉNY VAN A VILÁGBAN

A remény a világban azok által van újra lángra lobbantva, akik erőssé tudnak válni a Tudásban. A remény elhalványulhat, majd újra fellángolhat. Úgy tűnhet, hogy jön és megy, attól függően, hogy az emberek mennyire vannak megingatva és mit választanak maguknak. A remény benned nyugszik. Az, hogy a Láthatatlanok itt vannak, nem azt jelenti, hogy van remény, mert nélküled nem lenne remény. Mert te és a hozzád hasonlóak új reményt hoznak a világba, mivel te a Tudás ajándékának befogadását tanulod. Ez egy új reményt hoz a világba. Talán ebben a pillanatban számodra ez nem teljesen látható. Talán ez úgy tűnik, hogy túl van a felfogásod határain. De egy nagyobb perspektívából nézve, ez annyira igaz és olyan nagyon fontos.

A világnak a Nagyobb Közösségbe való emelkedése erről szól, mert ha senki sem készülne a Nagyobb Közösségre, nos, akkor a remény elhalványulni látszana. És az emberiség sorsa teljesen kiszámítható lenne. De mivel a világban van remény, mert benned van remény és a hozzád hasonlókban, akik a mélyebb hívásra válaszolnak, az emberiség sorsának van egy nagyobb ígérete és még az emberiség szabadsága is jól bebiztosítható.

◆

Lépések a Tudáshoz-Továbbképzés című könyvből

Ellenállás

&

Megerősítés

◆

ELLENÁLLÁS &
MEGERŐSÍTÉS

A Kapcsolat Etikája

◆

A Szövetségesek minden alkalommal arra biztatnak bennünket, hogy vállaljunk aktív szerepet a világunkban ma történő földönkívüli Beavatkozás megítélésében és ellenzésében. Ide tartozik, hogy megítéljük a jogainkat és prioritásainkat, mint e világ őshonos népe és megalapítsuk a saját Kapcsolatfelvételi Szabályainkat minden jelenlegi és jövőbeli más fajok lényeivel való kapcsolattartásra vonatkozóan.

Megfigyelve a természet világát és vissza az emberi történelem során bőségesen látjuk bemutatni a beavatkozás leckéinek tanulságait: hogy az erőforrásokért folytatott verseny a természet szerves részét képezi, hogy az egyik kultúra beavatkozása egy másik kultúrába mindig önérdekből történik és romboló hatással van a kultúrára és a felfedezett emberek szabadságára és az erősebb mindig dominálja a gyengébbet, ha tudja.

Bár elképzelhető, hogy azok a földönkívüli ET fajok, akik látogatják a világunkat kivételek e szabály alól, de ilyen kivételnek kétség kívül bizonyítania kell magát, megadva az emberiségnek a jogot, hogy elbíráljon minden látogatásra vonatkozó javaslatot. Ezt biztosan nem történt meg. Ehelyett, az emberiség tapasztalata a Kontaktusról idáig az, hogy a hatósági és tulajdonosi jogaink, mint e világ őshonos népének, meg vannak kerülve. A „látogatók" folytatják a saját napirendjüket, tekintet nélkül az emberiség jóváhagyására vagy tájékozott részvételére.

Mind a Szövetségesek Jelentése és a UFO/ET kutatás nagy része világosan jelzi, hogy nem történik etikus kapcsolatfelvétel. Míg az helyénvaló lehet, hogy egy idegen faj megossza velünk a tapasztalatát és a bölcsességét a távolból, ahogy ezt a Szövetségesek tették, az nem helyénvaló, hogy idegen fajok hívatlanul ide jönnek és megpróbálnak beleavatkozni az emberi ügyekbe, még a segítség álcája alatt is. Adva az emberiség fejlődésének mértékét ezekben az időkben, mint egy fiatal faj, nem etikus ezt tenni.

Az emberiségnek nem volt lehetősége létrehozni a saját Kapcsolatfelvételi Szabályait vagy korlátait, amit minden őshonos fajnak létre kell hoznia a saját védelme és biztonsága érdekében. Ennek megtétele szolgálná az emberi egység és együttműködés elősegítését, mert össze kell fognunk ennek a megvalósításához. Ez a cselekedet megköveteli annak a tudatosságát, hogy mi egy nép vagyunk, egy világon osztozunk és nem vagyunk egyedül a világegyetemben és a határainkat létre kell hozni és védelmezni kell a világűr felé. Tragikusan, ez a szükséges fejlődési folyamat most meg van kerülve.

A Szövetségesek Jelentése azért lett küldve, hogy ösztönözze az emberiség felkészülését az élet valóságaira a Nagyobb Közösségben. Valójában a Szövetségesek üzenete az emberiségnek egy demonstráció, hogy igazából mi az etikus kapcsolat. Fenntartják a nem-beavatkozási megközelítést, tiszteletben tartva az eredeti képességeinket és hatalmunkat, miközben ösztönzik a szabadságot és az egységet, amire az emberi családnak szüksége lesz annak érdekében, hogy navigáljuk a jövőnket a Nagyobb Közösségben. Míg sok ember ma kétségbe vonja az emberiség erejét és becsületét, hogy megfeleljen a saját szükségleteinek és kihívásainak a jövőben, a Szövetségesek biztosítanak minket, hogy ez az erő, a Tudás spirituális ereje, mindannyiunkban benne van és a saját érdekünkbe kell használnunk.

A felkészülés meg lett adva az emberiség Nagyobb Közösségbe való olvadásához. Az Emberiség Szövetségesei Jelentésének (Allies of Humanity) négy könyve és A Nagyobb Közösségi Tudás Útja (The Greater Community Way of Knowledge) mindenhol elérhető az olvasók számára. Megtekinthetők a www.alliesofhumanity.org/hu és a www.newmessage.org/hu weboldalakon. Együtt biztosítják a Beavatkozás ellensúlyozásának eszközét és hogy szembenézzünk a jövővel a változó világban a világűr küszöbén. Ez az egyetlen ilyen felkélszülés a világban. Ez az a felkészülés, amit a Szövetségesek olyan sürgőssen kértek.

Válaszul a Szövetségesek Jelentésére egy csoport elkötelezett olvasó elkészített egy dokumentumot, az Emberi Önrendelkezési Nyilatkozatot. Az Egyesült Államok Függetlenségi Nyilatkozatára modellezve, az Emberi Önrendelkezési Nyilatkozat célja meghatározni a Kapcsolat Etikáját és a Kapcsolatfelvétel Szabályait, amire nekünk, a világ őshonos embereinek égetően szükségünk van az emberi szabadság és önrendelkezés megőrzése érdekében. Mint e világ bennszülött népe jogunkban áll és kötelességünk meghatározni, hogy mikor és hogyan fog látogatás történni és ki léphet be a világunkba. Tudtára kell hoznunk a világegyetemben lévő minden olyan nemzete és csoportja számára, akik tisztában vannak a létezésünkkel, hogy önrendelkezőek vagyunk és szándékunkban áll gyakorolni a jogainkat és a felelőségeinket, mint szabad emberek felemelkedő faja a Nagyobb Közösségben. Az Emberi Önrendelkezési Nyilatkozat egy kezdet és a weben itt olvasható www.humansovereignty.org/declaration/hungarian-declaration.

ELLENÁLLÁS &
MEGERŐSÍTÉS

Cselekvés – Mit tudsz tenni

◆

A Szövetségesek arra kérnek minket, hogy foglaljunk állást a világunk jóléte mellet és lényegében váljunk mi az Emberiség Szövetségeseivé. Mégis, hogy ez valódi legyen ennek a kötelezettségvállalásnak a lelkiismeretünkből kell jönnie, a legmélyebb részünkből. Sok mindent tudsz tenni annak érdekében, hogy ellensúlyozd a Beavatkozást és pozitív erővé válj azáltal, hogy megerősíted önmagad és másokat magad körül.

Néhány olvasó reménytelenség érzésének adott hangot miután elolvasták a Szövetségesek anyagát. Ha ez a tapasztalatod, fontos emlékezni, hogy a Beavatkozás szándéka befolyásolás, hogy vagy elfogadónak és reménykedőnek, vagy tehetetlennek és impotensnek érezd magad a jelenlétükben. Ne engedd magadat meggyőzni. Az erődet a cselekvés útján találod meg. Mi az, amit valójában tenni tudsz? Nagyon sok mindent tudsz tenni.

◆

Képezd magad.

A felkészülésnek tudatossággal és oktatással kell kezdődnie. Meg kell értened, hogy mivel állsz szemben. Képezd magad az UFO/ET jelenségről. Tanulj a legfrissebb planetáris tudomány és asztrobiológiai felfedezéseikről, amelyek elérhetővé válnak számunkra.

AJÁNLOTT OLVASMÁNYOK

• Lásd „További Források" a Függelékben.

♦

Állj ellen a Lecsendesítő Program befolyásának.

Állj ellen a Lecsendesítő Programnak. Állj ellen a befolyásnak, hogy kedvtelenné válj és ne reagálj a saját Tudásodra. Állj ellen a Beavatkozásnak tudatosság, érdekképviselet és megértés révén. Támogasd az emberi együttműködést, egységet és becsületet.

AJÁNLOTT OLVASMÁNYOK

• Nagyobb Közösségi Spiritualitás, 6. Fejezet: „Mi a Nagyobb Közösség?" és 11. Fejezet: „Mire Készülsz?" (Greater Community Spirituality, Chapter 6: "What is the Greater Community?" and Chapter 11: "What Is Your Preparation For?")

• A Tudás Útját Élni, 1. Fejezet: „Egy Feltörekvő Világban Élni" (Living The Way of Knowledge, Chapter 1: "Living in an Emerging World")

♦

Légy tudatában a Mentális Környezetnek.

A mentális környezet a gondolatok és befolyások környezete, amelyben mindannyian élünk. Hatása a gondolkodásunkra, érzelmeinkre és cselekedeteinkre pedig még a fizikai környezet hatásánál is nagyobbak. A mentális környezet most közvetlenül érintett és befolyásolva van a

Beavatkozás által. És a körülöttünk lévő kormányok és kereskedelmi érdekek ugyancsak befolyással vannak erre. Tudatossá válni a mentális környezetet illetően rendkívül fontos a szabadon és tisztán való gondolkozás szabadságának fenntartásához. Az első lépés, amit tehetsz, hogy tudatosan választod meg, hogy ki és mi befolyásolja a gondolataidat és a döntéseidet a kívülről érkező behatásokon keresztül. Ide tartozik a média, a könyvek és a meggyőző barátok, család és hatósági egyének. Állítsd fel a saját irányelveidet és tanuld meg, hogyan tudod tisztán meghatározni, belátással és objektivitással, mi az amit más emberek és sőt még a kultúra is egészében, mondanak neked. Mindannyiunknak meg kell tanulnia tudatosan megkülönböztetni ezeket a befolyásokat, hogy védelmezzük és felemeljük a mentális környezetet, amelyben élünk.

AJÁNLOTT OLVASMÁNYOK

• Bölcsesség a Nagyobb Közösségből 2. Kötet, 12. Fejezet: „Önkifejezés és a Mentális Környezet" és 15. Fejezet „Reagálni a Nagyobb Közösségre" (Wisdom from the Greater Community Volume II, Chapter 12: "Self-expression and the Mental Environment" and Chapter 15: "Responding to the Greater Community")

♦

Tanulmányozd A Nagyobb Közösségi Tudás Útját

A Nagyobb Közösségi Tudás Útjának tanulmányozása közvetlen kapcsolatba hoz a mélyebb spirituális elmével, amelyet a minden élet Teremtője helyezett beléd. Ennek a mélyebb elmének a szintjén az értelmünkön túl, a Tudás szintjén van az, ahol biztonságban vagy bármilyen világi vagy Nagyobb Közösségi beavatkozástól és manipulációtól. A Tudás ugyancsak magában tartja a nagyobb spirituális célodat, amiért a világban jöttél ebben az időben. Ez a spiritualitásod igazi központja. Elkezdheted ma az utazásod A Nagyobb Közösségi Tudás Útján

azáltal, hogy elkezded tanulmányozni a Lépések a Tudáshoz cimű köny-
vet a www.newmessage.org/hu weboldalon.

AJÁNLOTT OLVASMÁNYOK

- Nagyobb Közösségi Spiritualitás, 4. Fejezet: „Mi a Tudás?" (Greater
  Community Spirituality, Chapter 4: "What is Knowledge?")
- A Tudás Útján Élni: Összes fejezet (Living The Way of Knowledge: All
  chapters)
- Tanulmányozd a Lépések a Tudáshoz: A Belső Tudás Könyve (Study of
  Steps to Knowledge: The Book of Inner Knowing)

◆

Alapíts egy Szövetségesek Olvasócsoportot.

Egy olyan pozitív környezet megteremtéséhez, ahol a Szövetségesek
anyaga mélyebb megfontolásra kerülhet, állj össze másokkal, hogy meg-
alakítsatok egy Szövetségesek Olvasócsoportot. Úgy találjuk, amikor az
emberek a Szövetségesek Jelentését és A Nagyobb Közösségi Tudás Útjá-
nak könyveit hangosan olvassák másokkal egy támogatott csoportos
felállásban és menet közben szabadon megoszthatják a kérdéseiket és in-
tuicióikat, az anyag megértése jelentősen nő. Ez az egyik módja, hogy
rátalálj azokra, akik osztoznak a tudatosságban és tudni akarják az
igazságot a Beavatkozásról. Elkezdheted ez csak egy másik emberrel.

AJÁNLOTT OLVASMÁNYOK

- Bölcsesség a Nagyobb Közösségből 2. Kötet, 10. Fejezet: „Nagyobb
  Közösségi Látogatások", 15. Fejezet: „Reagálni a Nagyobb Közösségre",
  17. Fejezet: „A Látogatók Felfogása az Emberiségről" és 28. Fejezet: „Na-
  gyobb Közösségi Valóságok" (Wisdom from the Greater Community
  Volume II, Chapter 10: "Greater Community Visitations," Chapter 15:
  "Responding to the Greater Community," Chapter 17: "Visitors' Percept-
  ions of Humanity," and Chapter 28: "Greater Community Realities")
- Az Emberiség Szövetségesei Második Könyv: Összes fejezet (The Allies
  of Humanity Book Two: All chapters.)

◆

Védelmezd és óvd a környezetet.

Napról napra egyre többet tanulunk a természetes környezetünk védelméről, megóvásának és helyreállításának szükségéről. Még ha a Beavatkozás nem is létezne, ez akkor is prioritás lenne. De a Szövetségesek üzenete új lendületet és új megértést hoz a világunk természetes erőforrásainak önfenntartó használatának szükségéről. Légy tudatában annak, hogyan élsz és mit fogyasztasz és találd meg, hogy mit tehetsz a környezet támogatásáért. Ahogy a Szövetségesek kihangsúlyozzák, szükségünk lesz a fajunk önellátására ahhoz, hogy megőrizzük a szabadságunkat és az előrejutásunkat az intelligens élet Nagyobb Közösségében.

AJÁNLOTT OLVASMÁNYOK

- Bölcsesség a Nagyobb Közösségből 1. Kötet, 14. Fejezet: „Világfejlődés" (Wisdom from the Greater Community Volume I, Chapter 14: "World Evolution")
- Bölcsesség a Nagyobb Közösségből 2. Kötet, 25. Fejezet: „Környezetek" (Wisdom from the Greater Community Volume II, Chapter 25: "Environments")

◆

Terjeszd az üzenetet Az Emberiség Szövetségeseinek Jelentéséről.

A Szövetségesek üzenetének másokkal való megosztása a következő okok miatt rendkívülien fontos:

— Segítesz megtörni a dermesztő csendet, amely körülveszi a földönkívüli Beavatkozás valóságát és fantomját.

— Segítesz lebontani azt az elszigeteltséget, amely távol tartja az embereket, hogy egymással kapcsolódjanak ezzel a nagy kihívással kapcsolatban.

— Felébreszted azokat, akik a Lecsendesítő Program befolyása alá estek, lehetőséget adva nekik, hogy használják a saját elméjüket, hogy átértékeljék ennek a jelenségnek a jelentését.

— Megerősíted önmagadban és másokban az elhatározást, hogy ne adjuk meg magunkat sem a félelemnek vagy az elkerülésnek, hogy megfeleljünk a mi időnk nagy kihívásának.

— Megerősíted más emberek saját intuicióit és Tudását a Beavatkozásról.

— Segítesz kialakítani egy ellenállást, amely meghiúsíthatja a Beavatkozást és elősegítheti a felhatalmazást, amely megadhatja az emberiségnek az egységet és az erőt, hogy létrehozzuk a saját Kapcsolatfelvételi Szabályainkat.

ITT VAN NÉHÁNY KONKRÉT LÉPÉS, AMIT MA TEHETSZ:

— Oszd meg másokkal ezt a könyvet és az üzenetét. A jelentések első sorozata megtalálható és ingyenesen letölthető a Szövetségesek honlapján www.alliesofhumanity.org/hu

— Olvasd el az Emberi Önrendelkezési Nyilatkozatot és oszd meg ezt az értékes dokumentumot másokkal. Itt elolvadshatod és kinyomtathatod: www.humansovereignty.org.

— Ösztönözd a helyi könyvesboltodat és könyvtáradat, hogy szerezzék be Az Emberiség Szövetségeseinek mind a négy kötetét és Marshall Vian Summers-nek más könyveit is. Ez növeli az anyaghoz való hozzáférést más olvasók számára.

— Oszd meg a Szövetségesek anyagát és perspektíváját meglévő online fórumokon és vitacsoportokban, amikor az helyénvaló.

— Vegyél részt ehhez kapcsolódó konferenciákon és összejöveteleken és oszd meg a Szövetségesek perspektíváját.

— Fordítsd le az Emberiség Szövetségeseinek Jelentését. Ha több nyelven beszélsz, kérlek vedd fontolóra, hogy segíts lefordítani a Jelentéseket, hogy elérhetővé váljon még több olvasó számára szerte a világban.

— Lépj kapcsolatba a New Knowledge Library-val, hogy kapjál egy ingyenes Szövetségesek érdekképviseleti csomagot olyan anyagokkal benne, ami segítheti az üzenet megosztását másokkal.

AJÁNLOTT OLVASMÁNYOK

- A Tudás Útját Élni, 9. Fejezet: „A Tudás Útjának Megosztása Másokkal" (Living The Way of Knowledge, Chapter 9: "Sharing The Way of Knowledge with Others")
- Bölcsesség a Nagyobb Közösségből 2. Kötet, 19. Fejezet: „Bátorság" (Wisdom from The Greater Community Volume II, Chapter 19: "Courage")

◆

Ez korántsem teljes lista. Ez csupán egy kezdet. Nézz a saját életedre és lásd meg, hogy milyen lehetőségek léteznek ott és légy nyitott ezzel kapcsolatban a saját Tudásodra és intuícióidra. A felül említett dolgok mellett emberek már más kreatív módot is találtak, hogy kifejezzék a Szövetségesek üzenetét – művészeten, zenén, költészeten keresztül. Találd meg a saját utad.

MARSHALL VIAN SUMMERS ÜZENETE

Én már 25 éve vagyok belemerülve a vallásos tapasztalatokba. Ez egy roppant nagy terjedelmű írások tárházának befogadását eredményezte az emberi spiritualitás természetéről és az emberiség sorsáról a világegyetemben lévő intelligens élet nagyobb panorámáján belül. Ezek az írások, melyek A Nagyobb Közösségi Tudás Útja című tanításokban vannak belefoglalva, egy teológiai keretet tartalmaz, amely számba veszi az élet és Isten jelenlétét a Nagyobb Közösségben, abban a hatalmas kiterjedésű térben és időben, amit mi a világegyetemünknek ismerünk.

A kozmológia, amelyet fogadok sok üzenetet tartalmaz, közülük az egyik, hogy az emberiség beleolvadóban van az intelligens élet Nagyobb Közösségébe és erre fel kell készülnünk. Az üzenetben benne rejlik annak a megértése, hogy az emberiség nincs egyedül a világegyetemben, vagy akár még a saját világunkon belül sem vagyunk egyedül és ezen a Nagyobb Közösségen belül az emberiségnek lesznek barátai, versenytársai és ellenfelei.

Ez a nagyobb valóság 1997-ben drámaian meg lett erősítve Az Emberiség Szövetségesei Jelentésének első sorozatának hirtelen és váratlan közvetítésével. Három évvel korábban 1994-ben a Nagyobb Közösségi Spiritualitás- Egy Új Kinyilatkoztatás című könyvemben megkaptam a teológiai keretet a Szövetségesek Jelentéseinek megértéséhez. Ezen a ponton a spirituális munkám és írásaimon keresztül ismertté vált számomra, hogy az emberiségnek vannak szövetségesei a világegyetemben, akik aggódnak a fajunk jóléte és jövőbeli szabadsága miatt.

Az előttem feltárt növekvő kozmológián belül az vált érthetővé, hogy az intelligens élet történelmében a világegyetemben az etikailag fejlett fajoknak kötelessége, hogy örökségül hagyják a bölcsességüket a fiatal feltörekvő fajok számára, mint amilyen a miénk is és ennek a hagyatéknak a továbbadása, ezeknek a fiatal fajoknak az ügyeibe való közvetlen beavatkozása és közbenjárása nélkül kell hogy megtörténjen. A szándék itt a tájékoztatás, nem a beavatkozás. Ez a „bölcsesség átadás" egy régóta fennálló, etikus keretrendszer a feltörekvő fajok Kapcsolatfelvételét illetően és hogy hogyan is kell ezt kivitelezni. Az Emberiség Szövetségesei Jelentésének két sorozata ennek a nem-beavatkozó és etikus Kapcsolatfelvétel modelljének az egyértelmű demonstrációja. Ennek a modellnek kell lennie az irányadó fénynek és mintának, amit a többi fajtól el kell hogy várjunk a velünk való kapcsolatfelvétellel vagy a világunk látogatásával kapcsolatban. Ennek az etikus Kapcsolatfelfételnek demonstrációja mégis éles ellentétben áll a Beavatkozással, ami ma a világban történik.

Egy nagyon kiszolgáltatott helyzet felé haladunk. Az erőforrások kimerülésének kísértésével, a környezet pusztulásával és az emberi család további széthullásának kockázatával, ez minden egyes nappal növekszik, a Beavatkozásra érettek vagyunk. Látszólagos elszigeteltségben élünk egy gazdag és értékes világban, ami a partjainkon túlról mások által áhított. A figyelmünk el van terelve és megosztottak vagyunk és nem látjuk meg a határainknál lévő beavatkozások nagy veszélyét. Ez egy olyan jelenség, amit a történelem újra és újra megismételt az elszigetelt őshonos emberek sorsát illetően, akik először néztek szembe a beavatkozással. A világegyetemben lévő intelligens élet erejével és jótékonyságával kapcsolatos feltételezéseink nem reálisak. És mi csak most kezdjük el számba venni azt az állapotot, amelyet saját világunkon belül magunknak teremtettünk.

A népszerűtlen igazság az, hogy az emberi család nem áll készen a Kapcsolatfelvétel közvetlen megtapasztalására és semmiképpen sem áll készen a Beavatkozásra. Először a saját házunk tájékán kell rendet tenni. Mi még nem rendelkezünk azzal a faji érettséggel, hogy az egység, az erő és a tisztánlátás pozíciójából vegyünk részt a Nagyobb Közösség más fajaival. És addig, amíg egy ilyen pozíciót el tudunk érni, ha valaha el tudjuk érni, addig egyetlen faj se próbáljon meg közvetlenül beavatkozni a világunkba. A Szövetségesek nagyon szükséges bölcsességgel és meglátással látnak el minket, de mégsem avatkoznak be. Ők azt mondják, hogy a sorsunk a saját kezünkben van és ott is kell lennie. Ilyen a szabadság terhe a világegyetemben.

Azonban, a felkészültségünk hiányától függetlenül Beavatkozás történik. Az emberiségnek most fel kell készülnie erre, a legnagyobb következményekkel járó küszöbre az emberi történelemben. Ahelyett, hogy csak alkalmi tanúi lennénk ennek a jelenségnek, mi vagyunk ennek a középpontjában. Ez történik, akár tudatában vagyunk ennek, akár nem. Megvan az ereje ahhoz, hogy megváltoztassa az eredményt az emberiség számára. És mindennek köze van ahhoz, hogy kik vagyunk és miért vagyunk itt a világban ebben az időben.

A Nagyobb Közösségi Tudás Útja azért adatott, hogy mind tanítást és mind felkészülést nyújtson, amelyre most szükségünk van, hogy szembe tudjunk nézni ezzel a nagy küszöbbel, hogy megújítsuk az emberi szellemet és egy új haladási utat állítson fel az emberi család számára. Ez az emberi egység és együttműködés sürgető szükségéről, a Tudás elsőbbségéről, a spirituális intelligenciánkról és a nagyobb felelősségről szól, amelyet most az űr küszöbénél fel kell vállalnunk. Ez egy Új Üzenetet képvisel a minden élet Teremtőjétől.

Az én küldetésem, hogy ezt a nagyobb kozmológiát és felkészülést a világba hozzam és ezzel együtt egy új reményt és ígéretet a küszködő emberiség számára. A hosszú felkészülésem és A Nagyobb Közösségi Tudás Útjának mérhetetlen tanítása erre a célra van itt. Az Emberiség Szövetségeseinek Jelentései csak egy kis része ennek a nagyobb üzenetnek. Itt az ideje, hogy véget vessünk a szüntelen konfliktusoknak és felkészüljünk a Nagyobb Közösségben lévő életre. Ennek megtételéhez egy új megértésre van szükségünk saját magunkról, mint egy emberek – az őshonos emberei ennek a világnak, egy spiritualitásból született – és mint egy kiszolgáltatott helyzetben lévő fiatal, feltörekvő faj a világegyetemben. Ez az üzenetem az emberiség számára és ez az amiért jöttem.

MARSHALL VIAN SUMMERS
2008

Függelék

♦

FOGALMAK MEGHATÁROZÁSA

AZ EMBERISÉG SZÖVETSÉGESEI: Fizikai lényekből álló kis csoport a Nagyobb Közöségből, akik a világunk közelében rejtőznek a naprendszerünkben. A küldetésük, hogy megfigyeljenek, jelentést és tanácsot adjanak nekünk az alien látogatók tevékenységével és beavatkozásával kapcsolatban ma a világban. Ők a bölcseket képviselik sok világban.

A LÁTOGATÓK: Több más idegen faj a Nagyobb Közösségből az engedélyünk nélkül „látogatják" a világunkat, akik aktívan beleavatkoznak az emberi ügyekbe. A látogatók részt vesznek egy hosszú folyamatban, melynek során integrálják magukat az emberi élet szövetébe és lelkébe, hogy megszerezzék az irányítást a világ erőforrásai és emberei felett.

A BEAVATKOZÁS: Az alien látogatók jelenléte, célja és tevékenysége a világban.

A LECSENDESÍTŐ PROGRAM: A látogatók meggyőzési és befolyásolási programja, amelynek célja, hogy lefegyverezze az emberek tudatosságát és megítélését a Beavatkozásról az emberi passzívitás és kezelhetőség érdekében.

A NAGYOBB KÖZÖSSÉG: Űr. A hatalmas fizikai és spirituális világegyetem, amelybe az emberiség felemelkedik, ami számtalan megnyilvánulásban tartalmaz intelligens életet.

A LÁTHATATLANOK: A Teremtő Angyalai, akik felülnézik az érző lények spirituális fejlődését a Nagyobb Közösségben. A Szövetségesek „Láthatatlanoknak" nevezik őket.

AZ EMBERI SORS: Az emberiségnek az a sorsa, hogy a Nagyobb Közösségbe emelkedjen. Ez a mi evolúciónk.

A KOLLEKTÍVÁK: Számos idegen fajból álló komplex hierarchikus szervezetek, amelyeket közös hűség köt össze. Egynél több kollektíva van ma jelen a világban, amelyhez az alien látogatók tartoznak. Ezeknek a kollektíváknak versengő napirendjeik vannak.

A MENTÁLIS KÖRNYEZET: A gondolat és a mentális befolyás környezete.

A TUDÁS: A spirituális intelligencia, amely minden emberben él. Mindennek a Forrása, amit tudunk. Belső megértés. Örök bölcsesség. Az időtlen részünk, amelyet nem lehet befolyásolni, manipulálni vagy megrontani. Egy potenciál minden intelligens életben. A Tudás Isten benned és Isten minden Tudás a világegyetemben.

AZ INTUÍCIÓ ÚTJA: Különféle tanítások A Tudás Útján, amely sok világban van tanítva a Nagyobb Közösségben.

A NAGYOBB KÖZÖSSÉGI TUDÁS ÚTJA: Egy spirituális tanítás a Teremtőtől, amelyet sok helyen gyakorolnak a Nagyobb Közösségben. Azt tanítja, hogyan lehet megtapasztalni és kifejezni a Tudást és hogyan lehet megőrizni az egyéni szabadságot a világegyetemben. Ez a tanítás azért lett ideküldve, hogy felkészítse az emberiséget az élet valóságairól a Nagyobb Közösségben.

Hozzászólások az
Emberiség Szövetségeseihez

N agy hatással volt rám Az Emberiség Szövetségesei…mert az üzenet igaznak cseng. Radarkontaktus, földi hatások, film és videófelvételek mind azt bizonyítják, hogy a UFO-k valóságosak. Most meg kell vizsgálnunk az igazi kérdést: az utasok szándékát. Az Emberiség Szövetségesei erőteljesen szembesítenek minket ezzel a kérdéssel, ami kritikus lehet az emberiség jövőjét illetően."

— JIM MARRS, író
Alien Agenda és *Rule by Secrecy*

A csatornázás és az ufológia/földönkívüli tanulmányozással eltöltött évtizedek fényében, nagyon pozitív a reakcióm Summersről mint egy csatorna és a könyvében közölt forrástól származó üzenetről. Mély benyomást tett rám a becsületével, mint ember, mint lélek és mint igazi csatorna. Az üzenetükben és a viselkedésükben, mind Summers és az ő forrása meggyőzően bizonyítja számomra a mások felé irányuló igazi szolgálatot szemben az oly sok emberi és most látszólag még földönkívüli önmagát szolgáló irányultság mellett. Míg a hangvétele komoly és figyelmeztető, ennek a könyvnek az üzenete felpezsdíti a lelkemet a csodálat ígéretével, ami a fajunkra vár mialatt csatlakozunk a Nagyobb Közösséghez. Ugyanakkor meg kell találnunk és hozzá kell férnünk a Teremtőhöz fűző eredendő kapcsolatunkhoz, hogy biztosíthassuk, nem vagyunk jogtalanul manipulálva vagy kihasználva a Nagyobb Közösség egyes tagjai által a folyamatban."

> — JON KLIMO, író
> *Channeling: Investigations on*
> *Receiving Information from*
> *Paranormal Sources*

A UFO/Alien elrablás jelenségének a tanulmányozása 30 éven keresztül olyan volt mint egy óriás kirakós játékot összerakni. A könyved végre keretet adott a többi darab beillesztéséhez."

> — ERICK SCHWARTZ,
> LCSW, Kalifornia

V an ingyen ebéd a kozmoszban? Az Emberiség Szövetségesei erőteljesen emlékeztetnek minket, hogy nincs."

> — ELAINE DOUGLASS,
> MUFON Társállam igazgató, Utah

A Szövetségeseknek nagy visszhangjuk lesz világszerte a spanyolul beszélő népesség körében. Ezt biztosíthatom. Nagyon sokan, nem csak az én országomban harcolnak a kultúrájuk megőrzéséhez való jogokért. A könyved csak megerősíti azt, amit sokféle módon olyan régóta próbálnak mondani."

— INGRID CABRERA, Mexikó

Ezzel a könyvvel mélyen rezonálok. Számomra Az Emberiség Szövetségesei nem más, mint úttörők. Tiszteletben tartom az erőket, az emberit és az egyéb erőket, melyek ezt a könyvet létrehozták és imátkozom, hogy a sürgős figyelmeztetése figyelembe lesz véve."

— RAYMOND CHONG, Szingapúr

A Szövetségesek anyagának nagy része rezonál azzal, amit tanultam vagy ösztönösen igaznak érzek."

— TIMOTHY GOOD, Brit UFO
kutató, írója a *Beyond Top Secret és*
Unearthly Disclosure

TOVÁBBI TANULMÁNYOK

AZ EMBERISÉG SZÖVETSÉGESEI alapvető kérdéseket tárgyal a földönkívüli jelenlét valóságát, természetét és célját illetően ma a világban. Ez a könyv azonban számos további kérdést vet fel, amelyeket további tanulmányok révén kell feltárni. Ez így magasabb tudatosság katalizátoraként szolgál és cselekvésre szólít fel.

Ha többet szeretne megtudni, két útat követhet az olvasó, különkülön vagy együtt. Az első út a UFO/földönkívüli jelenség tanulmányozása, amely mélyen dokumentálva lett az elmúlt négy évtizedben a kutatók által, akik sok különböző nézőpontot képviselnek. A következő oldalakon felsorolunk néhány fontos forrást erre a témára vonatkozóan, amit különösen fontosak a Szövetségesek anyagához. Minden olvasót arra bátorítunk, hogy tájékozódjanak erről a jelenségről.

A másik út azon olvasok számára szól, akik szeretnék feltárni e jelenség spirituális alkalmazását és azt, hogy mit tudsz személyesen tenni a felkészülésért. Ehhez MV Summers írásait ajánljuk, amelyek a következő oldalakon szerepelnek.

Annak érdekében, hogy tájékozott légy az Emberiség Szövetségeseivel kapcsolatos új anyagokról, kérjük látogass el a Szövetségesek honlapjára: www.alliesofhumanity.org/hu. További információ A Nagyobb Közösségi Tudás Útjáról a következő címen található: www.newmessage.org/hu.

TOVÁBBI FORRÁSOK

A z alábbiakban az UFO/földönkívüli jelenség tárgykörébe tartozó források előzetes listája található. Ez egyáltalán nem teljesen kimerítő irodalom a témáról, csupán a kezdet. Miután a kutatásod a jelenség valóságába megkezdődött, egyre több és több anyagot fogsz felfedezni, mind ezen források és más források által. A megítélés mindig tanácsolt.

KÖNYVEK

Berliner, Don: *UFO Briefing Document*, Dell Publishing, 1995.

Bryan, C.D.B.: *Close Encounters of the Fourth Kind: Alien Abduction, UFOs and the Conference at MIT*, Penguin, 1996.

Dolan, Richard: *UFOs and the National Security State: Chronology of a Coverup*, 1941-1973, Hampton Roads Publishing, 2002.

Fowler, Raymond E.: *The Allagash Abductions: Undeniable Evidence of Alien Intervention*, 2nd Edition, Granite Publishing, LLC, 2005.

Good, Timothy: *Unearthly Disclosure*, Arrow Books, 2001.

Grinspoon, David: *Lonely Planets: The Natural Philosophy of Alien Life*, Harper Collins Publishers, 2003.

Hopkins, Budd: *Missing Time*, Ballantine Books, 1988.

Howe, Linda Moulton: *An Alien Harvest*, LMH Productions, 1989.

Jacobs, David: *The Threat: What the Aliens Really Want*, Simon & Schuster, 1998.

Mack, John E.: *Abduction: Human Encounters with Aliens*, Charles Scribner's Sons, 1994.

Marrs, Jim: *Alien Agenda: Investigating the Extraterrestrial Presence Among Us*, Harper Collins, 1997.

Sauder, Richard: *Underwater and Underground Bases*, Adventures Unlimited Press, 2001.

Turner, Karla: *Taken: Inside the Alien-Human Abduction Agenda*, Berkeley Books, 1992.

VIDEÓK

The Alien Agenda and the Ethics of Contact with Marshall Vian Summers, MUFON Symposium, 2006. https://www.youtube.com/watch?v=LpQUpJwKCKg

The ET Intervention and Control in the Mental Environment, with Marshall Vian Summers, Conspiracy Con, 2007.

Out of the Blue: The Definitive Investigation of the UFO Phenomenon, Hanover House, 2007.

Marshall Vian Summers YouTube Channel: *youtube.com/@MarshallVianSummers*

WEBOLDALAK

www.alliesofhumanity.org/hu

www.newmessage.org/hu

www.humansovereignty.org

IDÉZETEK A TUDÁS ÚTJA KÖNYVEIBŐL

"Te nem csupán egy emberi lény vagy ebben az egy világban. A Világok Nagyobb Közösségének a polgára vagy. Ez a fizikai világegyetem, amit az érzékszerveiden keresztül tapasztalsz. Ez sokkal nagyobb annál, mint ahogy azt most fel tudod fogni.....Egy nagyobb fizikai világegyetem polgára vagy. Ez nemcsak Származási Vonaladat és Örökségedet ismeri el, hanem életed célját is ebben az időben, mivel az emberiség világa a világok Nagyobb Közösségének életébe kezd felnövekedni. Ez számodra ismert, noha hitnézeteid még nem tudnak erről számadást tenni."

> — Lépések a Tudáshoz:
> 187. Lépés: A Világok Nagyobb
> Közösségének a polgára vagyok.

"Egy nagy fordulópont idején jöttél a világba, s ennek a fordulópontnak mindössze csak egy részét fogod meglátni a saját életedben. Egy olyan fordulópont, ahol a világod a közvetlen környezetében levő világokkal fog kapcsolatba kerülni. Ez az emberiség természetes evolúciója, mint ahogy ez minden intelligens élet természetes evolúciója minden világban."

— *Lépések a Tudáshoz:*

190. Lépés: A világ

a világok Nagyobb Közösségébe

emelkedik és én emiatt jöttem.

"Nagyszerű barátaid vannak e világon túl. Ezért igyekszik az emberiség belépni a Nagyobb Közösségbe, mert a Nagyobb Közösség valódi kapcsolatainak szélesebb körét képviseli. Vannak igaz barátaid a világon túl, mivel nem vagy egyedül a világban s nem vagy egyedül a világok Nagyobb Közösségében. Vannak barátaid ezen a világon túl, mert a Spirituális Családodnak mindenhol megvannak a képviselői. Vannak barátaid e világon túl, mert te nemcsak a világod evolúcióján munkálkodsz, hanem egyben az egész világegyetem evolúcióján is. Képzeleterődet és koncepciós képességeidet meghaladva ugyan, de ez minden bizonnyal igaz."

— *Lépések a Tudáshoz:*

211. Lépés: Nagyszerű barátaim vannak

e világon túl.

"Ne reménnyel reagálj. Ne félelemmel reagálj. Tudással válaszolj."

— *Bölcsesség a Nagyobb Közösségből 2. Kötet*

10. Fejezet: Nagyobb Közösségi

Látogatások

"Miért történik ez?" A tudomány erre nem tud válaszolni. Az ész erre nem tud válaszolni. A vágyálom erre nem tud válaszolni. Félelemmel átitatott önvédelem nem tud erre válaszolni. Mi tud erre válaszolni? Ezt a kérdést egy másfajta elmével kell megkérdezni, másfajta szemmel kell ránézni és másfajta tapasztalatnak kell itt lennie."

— *Bölcsesség a Nagyobb Közösségből 2. Kötet*
10. Fejezet: Nagyobb Közösségi
Látogatások

"Istenről most már a Nagyobb Közösségben kell gondolnod – nem emberi Isten, nem az írott történelmed Istene, nem a próbatételek és megpróbáltatásaitok Istene, hanem minden idők, minden faj, minden dimenziók Istene, mindazoké akik primitivek és akik előrehaladottak, azok akik úgy gondolkodnak mint ti és azok akik teljesen másként gondolkoznak, azok akik hisznek és azok akiknek a hit megmagyarázhatatlan. Ez Isten a Nagyobb Közösségben. És itt kell neked elkezdened."

— *Nagyobb Közösségi Spiritualitás*
1. Fejezet: Mi Isten?

"Szükség van rád a világban. Itt az ideje felkészülni. Itt az ideje összpontosítani és elszánttá válni. Ettől nincs menekvés, mert csak azok akik A Tudás Útján fejlődtek lesznek képesek a jövőben fenntartani a szabadságukat a mentális környezetben, amely egyre inkább befolyásolva lesz a Nagyobb Közösség által."

— *A Tudás Útját Élni:*
6. Fejezet: A Spirituális Fejlődés
Pillérje

"Itt nincsenek hősök. Nincs kit imádni. Egy alapot kell építeni. Munka van, amit el kell végezni. Van egy felkészülés, amin keresztül kell menni. És van egy világ, amit szolgálni kell."

— *A Tudás Útját Élni:*
6. Fejezet: A Spirituális Fejlődés
Pillérje

"A Nagyobb Közösségi Tudás Útja most bemutatásra kelül a világban, ahol nem ismert. Nincs itt történelme és nincs háttere. Az emberek nincsenek hozzászokva. Nem feltétlenül illeszkedik az elképzeléseikhez, hitükhöz vagy az elvárásaikhoz. Nem felel meg a világ jelenlegi vallási felfogásának. Meztelen formában érkezik – rituálék és pompa nélkül, gazdagság és felesleg nélkül. Tisztán és egyszerűen jött. Olyan mint egy gyermek a világban. Látszólag sebezhető és mégis egy Nagyobb Valóságot és egy nagyobb ígéretet képvisel az emberiség számára."

— *Nagyobb Közösségi Spiritualitás:*
22. Fejezet: Hol Található a Tudás?

"A Nagyobb Közösségben vannak olyanok, akik erősebbek nálad. Túljárhatnak az eszeden, de csak akkor, ha nem figyelsz. Hathatnak az elmédre, de nem tudnak irányítani, ha a Tudással vagy."

— *A Tudás Útján Élni:*
10. Fejezet: Jelen Lenni
A Világban

"Az emberiség egy nagyon nagy házban él. A ház egy része lángokban áll. Mások pedig azért látogatnak ide, hogy meghatározzák hogyan lehet eloltani a tüzet a saját hasznukra."

> — *A Tudás Útján Élni:*
> 11. Fejezet: Felkészülés
> A Jövőre

"Menj ki egy tiszta éjszakán és nézz fel. A sorsod ott van. A nehézségeid ott vannak. A lehetőségeid ott vannak. A megváltásod ott van."

> — *Nagyobb Közösségi Spiritualitás:*
> 15. Fejezet: Ki Szolgálja
> az Emberiséget?

"Soha ne gondold, hogy egy fejlett fajnak nagyobb a logikája, hacsak nem erős a Tudásban. Valójában ugyanannyira megszilárdultak lehetnek a Tudás ellen, mint ti. Régi szokásokat, rituálékat, strukturákat és hatóságokat a Tudás bizonyítékával kell próbára tenni. Ezért van az, hogy még a Nagyobb Közösségben is a Tudás férfija vagy nője egy hatalmas erő."

> — *Lépések a Tudáshoz:*
> Felsőbb Szintek

"A jövőben a vakmerőségednek nem színlelésből kell születnie, hanem a Tudásban való bizonyosságodból. Így a béke menedéke és a gazdagság forrása leszel mások számára. Erre lettél hivattatva. Ez az oka, hogy a világba jöttél."

> — *Lépések a Tudáshoz:*
> 162. Lépés: Nem fogok ma félni.

"Nem könnyű ezekben az időkben a világban lenni, de ha hozzájárulás a célod és a szándékod, ez a megfelelő idő, hogy a világban legyél."

> — *Nagyobb Közösségi Spiritualitás:*
> 11. Fejezet: Mire Való a
> Felkészülésed?

"Ahhoz, hogy teljesítsd a küldetésed, nagy szövetségeseidnek kell lennie, mert Isten tudja, hogy egyedül nem tudod megcsinálni."

> — *Nagyobb Közösségi Spiritualitás:*
> 12. Fejezet: Kivel Fogsz Találkozni?

"A Teremtő nem hagyná az emberiséget felkészülés nélkül a Nagyobb Közösségre. És ezért van A Nagyobb Közösségi Tudás Útja bemutatva. A világegyetem Nagy Akaratából született. A világegyetem Angyalain keresztül van közölve, akik a Tudás megjelenését szolgálják mindenhol és akik olyan kapcsolatokat ápolnak, amelyek megtestesíthetik a Tudást mindenhol. Ez a munka az Isteni munkája a világban, nem azért, hogy az Istenihez hozzon, hanem hogy a világba hozzon, mert a világnak szüksége van rád. Ezért lettél ide küldve. Ezért választottad azt, hogy ide jössz. És azt választottad, hogy ide jössz, hogy szolgáld és támogasd a világ felemelkedését a Nagyobb Közösségbe, mert ez az emberiség nagy szüksége jelenleg és ez a nagy szükség beárnyékolja az emberiség minden szükségletét az elkövetkező időkben."

> — *Nagyobb Közösségi Spiritualitás:*
> Bevezetés

AZ ÍRÓRÓL

B ár ma még kevesen ismerik a világban, Marshall Vian Summers-t végső soron életünk legjelentősebb spirituális tanítójaként ismerhetik el. Több mint húsz éve csendesen ír és tanít egy olyan spiritualitást, amely elismeri azt a tagadhatatlan valóságot, hogy az emberiség egy hatalmas és népes világegyetemben él és most sürgősen fel kell készülnie az intelligens élet Nagyobb Közösségébe való olvadásra.

MV Summers a Tudás vagy a belső tudás fegyelmére tanít. A "legmélyebb intuíciónk"- mondja - "csak egy külső kifejezése a Tudás nagyobb erejének. A könyve, Lépések a Tudáshoz: A Belső Tudás Könyve, a 2000. Év Könyve a Spiritualitásért díj nyertese az Egyesült Államokban, és a Nagyobb Közösségi Spiritualitás: Egy Új Kinyilatkoztatás, együttesen olyan alapot alkotnak, amely az első "Kapcsolat Teologiájának" vehető. A teljes munkája, több mint húsz kötet, amelyek közül csak néhány lett kiadva a New Knowledge Library által, talán a legeredetibb és a legfejlettebb spirituális tanítást képviseli, ami a modern történelemben megjelent. Úgyszintén a Society megalapítója A Nagyobb Közösségi Tudás Útjának, vallási non-profit szervezetnek is.

Az Emberiség Szövetségeseivel, Marshall Vian Summers lesz talán az első jelentős spirituális tanító, aki világosan figyelmeztet a világban jelenleg zajló Beavatkozás valódi természetéről, amely személyes felelősséget, felkészülést és kollektív tudatosságot igényel. Életét annak szentelte, hogy megkapja A Nagyobb Közösségi Tudás Útját, ami egy ajándék az emberiségnek a Teremtőtől. Elkötelezte magát, hogy ezt az Új Üzenetet Istentől a világba hozza. Az Új Üzenet online olvasásához látogass el ide: www.newmessage.org/hu.

A KINYILATKOZTATÁSOK
FORDÍTÁSÁNAK FOLYAMATÁRÓL

◆

Az Üzenethozó, Marshall Vian Summers 1983 óta fogadja Isten Új Üzenetét. Isten Új Üzenete a legnagyobb Kinyilatkoztatás, amely az emberiségnek valaha adva lett, adott most egy globális kommunikációval és növekvő globális tudatossággal rendelkező írástudó világnak. Nem egyedül egy törzsnek, egy nemzetnek vagy egy vallásnak adott, hanem ehelyett az egész világ elérésére. Ez a lehető legtöbb nyelvre való fordításra szólított.

A Kinyilatkoztatás folyamata most először van felfedve a történelemben. Ebben a figyelemreméltó folyamatban, Isten Jelenléte szavakon túl kommunikál az Angyali Gyülekezethez, amely felülnézi a világot. A Gyülekezet ezután ezt a kommunikációt emberi nyelvre fordítja és együttesen szólnak mint egy, az Üzenethozójukon keresztül, akinek a hangja válik eme nagyobb Hang hordozójává – a Jelenések Hangjává. A szavak angol nyelven szólnak és közvetlenül rögzítve vannak audió formátumban, majd ez le van írva és elérhetővé van téve az Új Üzenet szövegeiben és hangfelvételeiben. Ezúton van megőrízve Isten eredeti Üzenetének a tisztasága és minden ember számára elérhető.

Mégis van egy fordítási folyamat is. Mivel az eredeti Kinyilatkoztatás angol nyelven lett lehozva, ez az alapja az emberiség minden nyelvére történő fordításának. Mivel a világunkban sok nyelvet beszélnek, a fordítások létfontosságúan szükségesek ahhoz, hogy elvigyék az Új Üzenetet az emberekhez mindenfelé.

Az Új Üzenet tanulói idővel előálltak, hogy önkéntesen jelentkezzenek az Üzenet saját anyanyelvükre való lefordítására.

A történelem ezen idejében a Society nem tudja megengedni magának, hogy fizessen a fordításért ilyen sok nyelvre, ilyen hatalmas méretű Üzenetnél, mely Üzenetnek kritikus sürgősséggel el kell érnie a világot. Ezen túlmenően a Society fontosnak véli, hogy a fordítóik tanulói legyenek az Új Üzenetnek, hogy megértsék és megtapasztalják, amennyire csak lehetséges, az esszenciáját annak, ami fordítva van.

Tekintettel az Új Üzenet egész világgal való megosztásának sürgősségére és szükségére, meghívunk a további fordításokban való segítkezéshez, hogy kiterjesszük az Új Üzenet elérhetőségét a világban, mégtöbb Kinyilatkoztatást hozva olyan nyelvek fordítására, amelyek már megkezdődtek és ugyancsak új nyelveken történő bemutatásra. Idővel úgyszintén törekszünk tökéletesíteni ezeknek a fordításoknak a minőségét. Még mindig nagyon sok a tennivaló.

A Nagyobb Közösségi Tudás Útjának Könyvei

God Has Spoken Again (Isten Újra Szólt)

The One God (Az Egy Isten)

The New Messenger (Az Új Üzenethozó)

The Greater Community (A Nagyobb Közösség)

The Journey to a New Life (Utazás Egy Új Élet Felé)

The Power of Knowledge (A Tudás Ereje)

The New World (Az Új Világ)

The Pure Religion (A Tiszta Vallás)

Preparing for the Greater Community
(Felkészülés a Nagyobb Közösségre)

The Worldwide Community of the New Message from God
(Isten Új Üzenetének Világszéles Közössége)

Greater Community Spirituality
(Nagyobb Közösségi Spiritualitás)

Steps to Knowledge (Lépések a Tudáshoz)

Relationships and Higher Purpose
(Kapcsolatok és Nagyobb Cél)

Living The Way of Knowledge (A Tudás Útján Élni)

Life in the Universe (Élet a Világegyetemben)

The Great Waves of Change (A Változások Nagy Hullámai)

Wisdom from the Greater Community Books One and Two
(Bölcsesség a Nagyobb Közösségből Első és Második Kötet)

Secrets of Heaven (A Menny Titkai)

The Allies of Humanity Books One, Two, Three and Four
(Az Emberiség Szövetségesei Első, Második, Harmadik és
Negyedik Könyv)

www.ingramcontent.com/pod-product-compliance
Lightning Source LLC
Chambersburg PA
CBHW022022090426

42739CB00006BA/250